アタマ出しで通じる英会話

INSTANT PHRASES

驚くほど話せる！

著
尾山 大
OYAMA masaru

太陽出版

(**はじめに**)

　平均的な日本人が英語を話そうとするとき、共通する欠点があります。言いたいことがすぐに口をついて出ない。相手の英語にわずか数秒でついていけなくなる。

　このような現象を経験した人は、かなりの数にのぼるのではないでしょうか。

　これには主に、二つの原因があります。第一に、日本語と英語では基本的な語順が違います。第二に、物事に対する日英の発想の違いがあります。

　この点に着目して、私たちの欠点を修正し、よく通じる英語を示そうとするのが本書の目的です。第１章の「頭出しパターン」は、実際の日常会話で使用頻度の高いものから順に厳選して配列しています。多忙な人は、この章だけでも常に反復練習するようにしてください。第２章以降は、具体的な例文を示しています。

　また、本書の終わりには「頭出し表現の総チェック」テストが用意されています。チェックの結果、忘れている箇所があれば問題に示されたページに戻って再確認を実行してください。例文のなかで、気に入ったものがあったときは必ず口に出して実際に発音してください。目・口・耳・手を動員することが英語を習得する上で最も効果的な方法です。

　最後に、本書を出版するにあたり、出版の機会をくださった太陽出版、編集に力を注がれたビルウッドのみなさんに心からの謝意を表します。

尾山　大

Instant Phrases

① 絶対覚えよう…………… 頭出し パターン

…していいですか？ ——————— 14
May I …?

…してくれますか？ ——————— 14
Will you …?

…してあげましょうか？ ——————— 15
Shall I …?

…(して)はどうですか？ ——————— 15
How about …?

…だそうですよ・だそうですね ——————— 16
I hear (that) …

…だといいんですが・と思います ——————— 16
I hope (that) …

残念ながら… ——————— 17
I'm afraid …

CONTENTS

…してうれしいです — 17
I'm glad to …

…するつもりです — 18
I'm going to …

…したいんですが — 18
I'd like to …

申し訳ありませんが… — 19
I'm sorry …

…をください — 19
Give me …

…かしら(…かなぁ)？ — 20
I wonder …

…しなければいけないんです — 20
I have to …

…のときに・のころに — 21
When I was …,

…ので — 21
As …,

…をありがとう — 22
Thank you for …

…させてください — 22
Let me …

…したことがありますか？ — 23
Have you ever …?

誰が…したんですか？ — 23
Who …?

CONTENTS

…がわかりません —————————————— 24
I don't know …

…によれば ——————————————————— 24
… says (that)

…すれば ———————————————————— 25
If you …,

…しないでください ————————————— 25
Don't …

…したい気がします ————————————— 26
I feel like ～ ing

…は当然だ・当たり前だ ———————————— 26
No wonder …

…だと思いますか？ —————————————— 27
… do you think ?

…ということのようです ——————————— 27
I understand …

…といえば ——————————————————— 28
Speaking of …

…するといつも ———————————————— 28
Every time I …

必ず…してくださいよ ———————————— 29
Be sure to …

今度…するときは ——————————————— 29
Next time …

…(病気)です —————————————————— 30
I have …

CONTENTS

先日… —— 30
The other day …

…したほうがいいですよ —— 31
You'd better …

…をよくしたものです —— 31
I would often …

(程度が)どのくらい…ですか？ —— 32
How …?

人を…の気分(状態)にする —— 32
make(s) 人 …

(人)に…するように伝える —— 33
I'll tell 人 to …

(人)に…してくれるように頼む —— 33
I'll ask 人 to …

…する必要はないですよ —— 34
You don't have to …

…があります —— 34
There is [are] …

一種の…です —— 35
It's a kind of …

時間[お金]が…かかる —— 35
It takes [costs] …

…するのは〜です —— 36
It's 〜 to …

(天候・時刻)は…です —— 36
It's …

CONTENTS

とても〜なので…できない ——————— 37
too 〜 to …

…こと[もの]は、 ——————————— 37
What … is [was]

(実際は違うが)ならいいのに… ——————— 38
I wish …

…に興味がある[ない] ————————— 38
I'm [not] interested in …

ここに…があります[います]よ ——————— 39
Here …

…のように感じます ————————————— 39
sound(s) …

…のようです ———————————————— 40
look(s) …

世の中は[世間は]… ————————————— 40
Things are …

② よく通じる 頭出しフレーズ

…していいですか？ ——————————— 42
…してくれますか？ ——————————— 44
…してあげましょうか？ ————————— 46
…(して)はどうですか？ ————————— 48

CONTENTS

…だそうですよ・だそうですね	50
…だといいんですが・と思います	52
残念ながら…	54
…してうれしいです	56
…するつもりです	58
…したいんですが	60
申し訳ありませんが…	62
…をください	64
…かしら(…かなぁ)？	66
…しなければいけないんです	68
…のときに・のころに	70
…ので	72
…をありがとう	74
…させてください	76
…したことがありますか？	78
誰が…したんですか？	80
…がわかりません	82
…によれば	84
…すれば	86
…しないでください	88
…したい気がします	90
…は当然だ・当たり前だ	92
…だと思いますか？	94
…ということのようです	96
…といえば	98
…するといつも	100

CONTENTS

必ず…してくださいよ ─── 102
今度…するときは ─── 104
…(病気)です ─── 106
先日… ─── 108
…したほうがいいですよ ─── 110
…をよくしたものです ─── 112
(程度が)どのくらい…ですか？ ─── 114
人を…の気分(状態)にする ─── 116
(人)に…するように伝える ─── 118
(人)に…してくれるように頼む ─── 120
…する必要はないですよ ─── 122
…があります ─── 124
一種の…です ─── 126
時間[お金]が…かかる ─── 128
…するのは～です ─── 130
(天候・時刻)は…です ─── 132
とても～なので…できない ─── 134
…こと[もの]は、 ─── 136
(実際は違うが)ならいいのに… ─── 138
…に興味がある[ない] ─── 140
ここに…があります[います]よ ─── 142
…のように感じます ─── 144
…のようです ─── 146
世の中は[世間は]… ─── 148

③ シーン別の 頭出し 表現をマスター

❶ 言う・話す ——————— 152

❷ 聞く・聞こえる ——————— 154

❸ 食べる・飲む ——————— 156

❹ 始める・始まる ——————— 158

❺ 終わる・終える・止める ——————— 160

❻ 好き・嫌い ——————— 162

❼ 見る ——————— 164

❽ 得る ——————— 166

❾ 段取りをつける・手配する ——————— 168

❿ 計画する・計画を変更する ——————— 170

CONTENTS

⑪ 疲れる・こたえる ───── 172

⑫ 病気する・ケガする① ───── 174

⑬ 病気する・ケガする② ───── 176

⑭ 料理する① ───── 178

⑮ 料理する② ───── 180

⑯ 旅行する ───── 182

⑰ ショッピングを楽しむ ───── 184

⑱ 外国人を招く ───── 186

頭出し表現の総チェック 190

さくいん 196

本文イラスト★宮島弘道
編集協力★(有)ビルウッド

①

抜群に効率的な英語マスター法 ——①

絶対覚えよう

頭出し

パターン

❶ 絶対覚えよう**頭出しパターン**

…していいですか?
May I…? メイ　　アイ
P.42 へ

…してくれますか?
Will you…? ウィリュー
P.44 へ

Instant Phrases ❶

…してあげましょうか?

Shall I…?
シャーライ

P.46 へ

…(して)はどうですか?

How about…?
ハウ　　アバウト

P.48 へ

❶ 絶対覚えよう 頭出しパターン

…だそうですよ・だそうですね

I hear (that)…
アイ ヒア　　　　ザッ

P.50 へ

…だといいんですが・と思います

I hope (that)…
アイ　　ホウプ　　　ザッ

P.52 へ

Instant Phrases ❶

残念ながら…

I'm afraid…
アイマフレイド

P.54へ

…してうれしいです

I'm glad to…
アイム　　　グラットゥー

P.56へ

❶ 絶対覚えよう 頭出しパターン

…するつもりです

I'm going to …
アイム　　　ゴーインタ

P.58 へ

…したいんですが

I'd like to …
アイドゥ　　　ライクタ

P.60 へ

Instant Phrases ❶

申し訳ありませんが…

I'm sorry…
アイム　　　　ソーリー

P.62 へ

…をください

Give me…
ギヴミー

P.64 へ

❶ 絶対覚えよう **頭出しパターン**

…かしら(…かなぁ)？
I wonder… アイ　　　ワンダー
P.66へ

…しなければいけないんです
I have to… アイ　　　　ハフタ
P.68へ

Instant Phrases ❶

…のときに・のころに

When I was…,
ウェンナイワズ

P.70へ

…ので

As …,
アズ

P.72へ

① 絶対覚えよう 頭出しパターン

…をありがとう
Thank you for … サンキュー　　　フォア
P.74 へ

…させてください
Let me … レッ　　ミー
P.76 へ

Instant Phrases ❶

…したことがありますか?

Have you ever…?
ハヴユー　　エヴァ

P.78 へ

誰が…したんですか?

Who…?
フー

P.80 へ

❶ 絶対覚えよう **頭出しパターン**

…がわかりません

I don't know…
アイ　ドン　ノウ

P.82 へ

…によれば

…says(that)
セズ　　　　ザッ

P.84 へ

Instant Phrases ❶

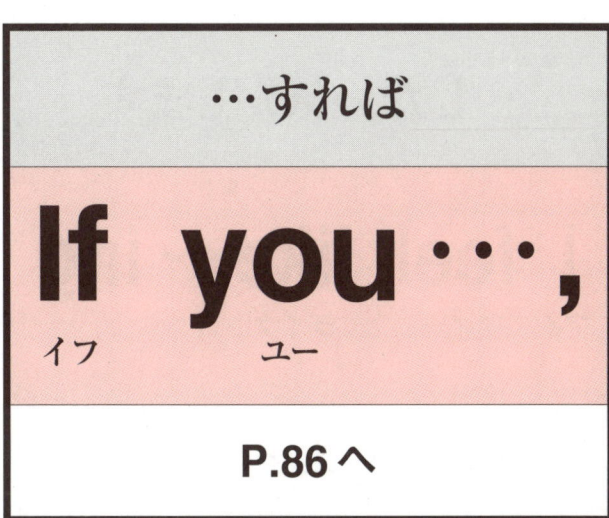

❶ 絶対覚えよう頭出しパターン

…したい気がします
I feel like 〜ing アイ　フィー　ライク
P.90 へ

…は当然だ・当たり前だ
No wonder… ノウ　　　ワンダー
P.92 へ

Instant Phrases ❶

…だと思いますか?
… do you think? ドゥー　ユー　スィンク
P.94 へ

…ということのようです
I understand … アイ　　アンダスタン
P.96 へ

❶ 絶対覚えよう 頭出しパターン

…といえば
Speaking of… スピーキンゴヴ
P.98 へ

…するといつも
Every time I… エヴリ　　タイム　アイ
P.100 へ

Instant Phrases ❶

必ず…してくださいよ

Be sure to …
ビー　シュア　トゥー

P.102 へ

今度…するときは

Next time …
ネクス　タイム

P.104 へ

❶ 絶対覚えよう **頭出しパターン**

…（病気）です

I have …
アイ　　　ハヴ

P.106 へ

先日…

The other day …
ズィ　　アザー　　デェイ

P.108 へ

Instant Phrases ❶

…したほうがいいですよ

You'd better…
ユードゥ　　　ベター

P.110 へ

…をよくしたものです

I would often…
アイ　　　ウッドッフン

P.112 へ

❶ 絶対覚えよう 頭出しパターン

（程度が）どのくらい…ですか?

How…?
ハウ

P.114へ

人を…の気分(状態)にする

make(s)人…
メイク(ス)

P.116へ

Instant Phrases ❶

(人)に…するように伝える

I'll tell 人 to …
アイル テル トゥ

P.118へ

(人)に…してくれるように頼む

I'll ask 人 to …
アイル アスク トゥ

P.120へ

❶ 絶対覚えよう 頭出しパターン

…する必要はないですよ
You don't have to… ユー　ドン　ハフタ
P.122 へ

…があります
There is [are]… ゼアリズ　　[アー]
P.124 へ

Instant Phrases ❶

一種の…です

It's a kind of…
イッツァ　　カインドヴ

P.126 へ

時間[お金]が…かかる

It takes[costs]…
イッ　テイクス　[コウスツ]

P.128 へ

❶ 絶対覚えよう **頭出しパターン**

…するのは〜です
It's 〜 to … イッツ　　　　　トゥ
P.130 へ

(天候・時刻)は…です
It's … イッツ
P.132 へ

Instant Phrases ❶

とても〜なので…できない

too〜to …
トゥー　　　トゥ

P.134 へ

…こと[もの]は、

What … is[was]
ホワッ　　　イズ　[ワズ]

P.136 へ

❶ 絶対覚えよう 頭出しパターン

(実際は違うが)ならいいのに…
I wish…
アイ　　ウィッシュ
P.138へ

…に興味がある[ない]
I'm[not]interested in…
アイム [ノッ] イントゥレスティッディン
P.140へ

Instant Phrases ❶

ここに…があります[います]よ

Here …

ヒア

P.142 へ

…のように感じます

sound(s)…

サウンドゥ(サウンズ)

P.144 へ

❶ 絶対覚えよう 頭出しパターン

…のようです
look(s)… ルック(ス)
P.146 へ

世の中は[世間は]…
Things are… スィングズ　アー
P.148 へ

② よく通じる頭出しフレーズ

抜群に効率的な英語マスター法 ②

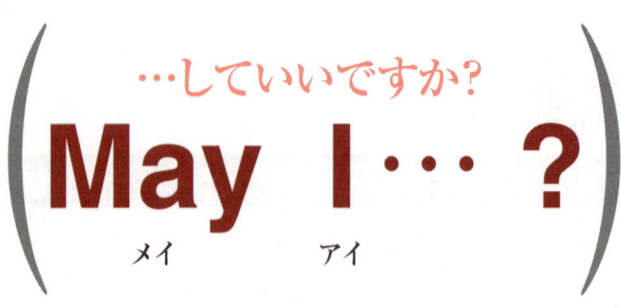

❷ よく通じる頭出しフレーズ

…していいですか?
May I … ?
メイ　アイ

- …していいですか?
  May I … ?

- お名前は?
  May I have your name ?

- ここに座ってもいいですか?
  May I sit here ?

- 写真を撮ってもいいですか?
  May I take any pictures ?

- いらっしゃいませ。
  May I help you ?

Instant Phrases ❷

★動作の許可を得たいときは"メイアイ？"

　日常会話の中で、最もよく使われる表現の1つである。それだけに、いろんなレベルの会話で使用される。丁寧に「〜してもいいですか？」と言いたい人もいれば、事務的に許可を求めることもある。また、友人間では「〜していい？」という感じで気軽に表現することもある。

　May I…?は、これらすべてのレベルに対応している。話し手同士の関係、その場の雰囲気、表情、態度によって自動的にニュアンスが決定するのだ。

　だから、心の中に「〜していいですか？」が浮かんだら、安心して"May I…?"を口に出すこと。

　話し手と聞き手がその場の状況を把握していれば、例文の始めに示したように、May I…?（メイアイ？）だけで十分に通じる。

　これに対して相手がSure.（シュア）/Yes, please./Why not?などと答えたときは「いいですよ」ということ。

　逆に、No, I'm sorry./I'm afraid you can't.のように答えたら「ゴメンナサイ。だめです」という意味を表わす。

── これで実力アップ ──

　動詞のhaveは、基本的に所有を表わす。そこから、「所有する」「持つ」の意味が生じるが、さらに派生して、他にあるものを自分のものとする感覚も表わす。だから「食べる」「飲む」さらに「取る」意味まである。May I have your name?のように実際に姿形のないname（名前）にも使える。「名前を持つ」→「名前を知る」と考える。

❷ よく通じる頭出しフレーズ

…してくれますか?
Will you … ?
ウィリュー

▷ **もっと大きな声で話してくれますか?（電話表現）**
Will you speak up, please ?

▷ 窓を開けてくれる?
Will you open the window ?

▷ テレビをつけてくれますか?
Will you turn on the TV ?

▷ ガスを消してくれる?
Will you turn off the gas ?

▷ 明日、彼に電話してくれる?
Will you call him up tomorrow ?

Instant Phrases ❷

★普通の頼みごとは"ウィリュー"のパターン

前項のMay Iに対して、相手に何か動作をしてもらいたいときは"Will you…?"のパターンが便利である。

…に一般的な動詞 go（ゴウ）、come（カム）、get（ゲット）、take（テイク）などを当てはめると、自在にいろんな頼みごとの表現ができあがる。

Will you
- go there?
- come at once?
- get a ticket for me?
- take me to the theater?
- show me the book?

意味は、上から順に次のようになる。

そこへ行ってくれる（くれますか）？
すぐに来て（ください）。
私の代わりに（ために）切符を手に入れてくれない？
その劇場へ連れてってください。
その本を見せてくれる（くれますか）？

Will you…?より、さらに丁寧なニュアンスを出したいときは"Could you…?"（クッジュー）、"Would you…?"（ウッジュー）に置き換えるとよい。

――― これで実力アップ ―――

speak up（スピーカップ）は、声の音量を上げること。「～さんに電話をかける」では、call＋人＋upのパターンが最も一般的。「私に電話をください」なら"Please call me up."（プリーズ・コールミー・アップ）となる。

❷ よく通じる **頭出しフレーズ**

…してあげましょうか?
Shall I … ?
シャーライ

▷ 手伝いましょうか?
Shall I help you ?

▷ あなたの代わりにそこへ行きましょうか?
Shall I go there for you ?

▷ 彼の電話番号を教えましょうか?
Shall I give you his phone number ?

▷ それを取りに(買いに)行きましょうか?
Shall I go and get it ?

▷ 車で迎えに行きましょうか?
Shall I pick you up ?

Instant Phrases ❷

★ちょっとした親切には"シャーライ"を使おう

人に対して「〜してあげましょうか？」と、親切な提案をするときにはShall I…?のパターンを使う。

このパターンの頭にwhat（ホワッ）、when（ウェン）などの疑問詞をつけるとさらに便利な表現が可能になる。

What shall I do？

私は何をしましょうか？

When shall I go？

いつ行きましょうか？

「何時に行きましょう（来ましょう）か？」と言いたいときは、What time（ホワッタイム）をつける。

What time shall I go（come）？

相手が"Shall I…?"のパターンを使った場合は、あなたはYesまたはNoで答えることになる。

"Shall I send for the doctor？"、つまり、「医者を呼びましょうか？」と相手が尋ねたとすると、答えのほうは次の通りになる。

—— Yes, please do.「はい、お願いします」

—— No, thank you.「いいえ、けっこうです」

これで実力アップ

go and get itは非常によく使われるフレーズである。実際には"and"の音はほとんど耳に聞こえないので"ゴウゲティッ"のように響く。

pick you up（ピッキューアップ）は、「車で行きますから途中であなたを拾います」というニュアンスの表現。

❷ よく通じる**頭出し**フレーズ

(…(して)はどうですか?)
How about … ?
ハウ　　アバウト

▸ 日本茶をいかがですか?
How about green tea ?

▸ あなたのほう(意見・見解)はどうですか?
How about you ?

▸ 地下鉄で行ったらどうですか?
How about taking a subway ?

▸ 私と一緒に昼食はいかがですか?
How about lunch with me ?

▸ 5時にお会いするのはいかがですか?
How about meeting at five ?

Instant Phrases ❷

★ 誘い、提案だったら"ハウアバウト"を

　人を勧誘するとき、人に何かの提案、助言をするとき非常に便利なフレーズが How about …? のパターンである。

　…の位置には、名詞または動詞に"〜ing"をつけた形のどちらかが入る。次の例をよく見ていただきたい。

　ゴルフはいかがですか？
　⟶ How about golf?
　ゴルフをするのはいかがですか？
　⟶ How about playing golf?

　2つの例からわかるように、「…はいかがですか？」なら…にそのものの呼び名（名詞）をそのまま入れればよい。「…するのはいかがですか？」のように…の部分に動作がくる場合は、動詞の ing の形を入れるわけだ。

　勧誘の表現では、What about …?、Let's … などのパターンも頻繁に使われる。余裕があれば、こちらもマスターしておきたい。

　What about taking a rest?
　一休みしない？
　Let's go shopping?
　ショッピングに行かない？

── これで実力アップ ──

　tea というと「紅茶」の意味に解釈されることがあるので、「緑茶」を表わすときは green tea とする。
　subway（サブウェイ）は、アメリカの地下鉄を表わし、英国では tube（テューブ）と言われるので注意。

❷ よく通じる頭出しフレーズ

…だそうですよ・だそうですね
I hear (that)…
アイヒア　　　ザッ

とても忙しいそうですね。
I hear you're so busy.

ゴルフが好きだそうですね。
I hear you like golf.

彼のお父さんが亡くなったそうですよ。
I hear his father passed away.

最近引っ越したそうですね。
I hear you moved recently.

彼女はとても料理が上手だそうですよ。
I hear she is a good cook.

Instant Phrases ❷

★うわさ、伝聞なら"アイヒア"から始める

　自分がその場に居合わせていたのではなく、人から伝え聞いたことを表わす場合には、I hear (that) …のパターンが使われる。特に口語（会話）では、hearの後のthatを省略することが多い。

　また、実際に耳にした伝聞ではなくても、会話の内容に確信が持てないときにも使える。

　I hear you have a heavy snow in your country.
　お国ではかなり雪が降るそうですね…。

　この種の表現については、内容が合っていれば（雪が激しく降る土地なら）"Yes"、違っていれば"No"の答えが返ってくるはずる。

　I hear…とほぼ同じ意味で"They say (that) …"のパターンも使われることがある。

　They say (that) Mr. Tanaka is crazy about fishing.
　田中さんは、釣りに熱中しているそうです。

これで実力アップ

　passed away（パスタウェイ）とは「死んだ」ということ。diedも同じ意味を表わすが、直接的な表現を避けたいときには前者を使うとよい。

　are fond ofはlikeとまったく同じ意味で「〜が好き」を表わす。「好きではない」と否定するときはaren't fond ofとする。

　cookは"クック"と発音する。コックは、日本式の発音で英語としては意味を成さないので注意しておきたい。

❷ よく通じる**頭出しフレーズ**

…だといいんですが・と思います
I hope (that)…
アイ　　ホウプ　　ザッ

▶ そうだといいんですが…。
I hope so.

▶ 奥さんはすぐに(症状が)よくなると思いますよ。
I hope your wife gets well soon.

▶ そうでないといいんですが…。
I hope not.

▶ 景気は回復していると思いますよ。
I hope business is recovering.

▶ また(日本などへ)帰って来てください。
I hope you'll come back again.

Instant Phrases ❷

★"アイホウプ"＝何かいいことを願う

「～と思います」「～と考えます」を英語に直すとき、ほとんどの日本人は"I think …"を思い浮かべる。もちろん、英語そのものは間違いではないが、後につづく内容の細かいニュアンスがよく伝わらない。

　hopeは「よいと思うことを希望的に考える」ことを意味する。英語では、自分の意志や大切だと思うことをなるべく先に口に出して言うくせがある。したがって、希望的内容を相手に伝えようとするときはI think …よりも、I hope …のほうが適切である。ネイティヴスピーカー（英語を母国語とする人たち）たちは、"I hope …"を耳にしたとたん、無意識に「何か希望的内容がつづくぞ」とピンとくるわけだ。

　I hopeと非常に近い意味で、「～を期待している」「～を予期する」と言うときはI expect …（アイ・イクスペクト）のパターンが有効である。

I expect Miss Yoshida will arrive soon.
吉田さんはまもなく到着すると思いますよ。

──── これで実力アップ ────

　get well（ゲッウェル）とは、病状、体調が「回復する」こと。

　I hope so.は、相手が先に希望的観測を述べたことに対する一種の応答、相づちと考えられる。これに対して、I think so.を使うと「そう思います」という意味になり、相手の考えに対する同意、つまり"Yes"の感覚を表わす。

　businessは「職業」「営業」の他に「景気」も表わす。

❷ よく通じる**頭出しフレーズ**

残念ながら…
I'm afraid …
アイマフレイド

▶ 残念ながら明日は雨でしょう。
I'm afraid it'll rain tomorrow.

▶ 申し訳ありませんが、三木は今外出しております。
I'm afraid Mr. Miki is out now.

▶ 残念ながらそうなんです。
I'm afraid so.

▶ 残念ながらお役に立てません。
I'm afraid I can't help you.

Instant Phrases ❷

★「お気の毒ですが…」のニュアンスは"アイマフレイド"

相手の期待、希望に反する内容を伝えるときには「お気の毒ですが…」「残念ながら…」の感じを表わす I'm afraid… のパターンが有効である。

日本語の「思う」「考える」は、英語ではそれぞれのニュアンスで使い分けられている。すでに前項で説明した hope と対比して、頭の中にしっかりと入れていただきたい。

希望的に「思う」 ─→ I hope …（P.52 参照）
一般的に「思う」 ─→ I think …
悲観的に「思う」 ─→ I'm afraid …

ある同一の事象に対しても、それを受けとめる主観や状況によって、言い出しの表現は次のように変化する。

〈雪が降って欲しいスキー場で……〉

I hope it'll snow tomorrow.
明日は（待ちに待った）雪が降ると思いますよ。

〈一般的予測〉

I think it'll snow tomorrow.
明日は雪が降ると思います。

〈雪が降ると困る都会で……〉

I'm afraid it'll snow tomorrow.
残念ながら明日は雪でしょう。

── これで実力アップ ──

no longer valid（ノウロンガー・ヴァリッド）とは切符、入場券などの有効期限が過ぎてしまったことを表わす。まだ「有効」なら The ticket is valid. のように言う。

❷ よく通じる**頭出し**フレーズ

…してうれしいです
I'm glad to …
アイム　　　　　グラットゥー

▶ お目にかかれてとてもうれしいです。
I'm very glad to see you.

▶ それをうかがってうれしいです。
I'm glad to hear that.

▶ 喜んで(そちらに)まいります。
I'll be glad to come.

▶ 今日はお会いできてうれしかったです。
I'm glad to have met you today.

▶ 賞をとってうれしかったです。
I was glad to win the prize.

Instant Phrases ❷

★うれしいときは"アイムグラットゥー"がGOOD

　gladは、過去、現在、未来において「何かいいことがあり、それでうれしく感じる」という意味を表わす。
　gladに類似する感情を表わす語句は他にも数多くある。
　happy（ハピィ）：楽しい気分を表わす。gladと置き換えが可能である。
I'm happy to see you.
お目にかかれてうれしいです。
　delighted（ディライティッド）：gladより、強いうれしさを表わす。
I was delighted to get her letter.
彼女から手紙をもらってとってもうれしかった。
　例文の I'm glad to see you. は、Glad to see you. の形で用いられることも多い。また、Nice to see you. も同じ意味を表わす。

――○これで実力アップ○――

　hear（ヒア）の基本的な意味は、「周囲の音などが自然に耳に届くこと」である。だから、最も一般的な「聞く」はhearでよい。これに対して、「ある特定の音を目的に聴く」のはlisten to（リスン・トゥー）である。つまり、ラジオや音楽を意識して「聴く」ときにはlisten toを使うべきである。
　come（カム）は、「来る」という意味で知られるが、相手の立場で表現するときは「行く」と解釈する。相手のいる場所から見ると、あなたは「来る」ことになるからだ。

❷ よく通じる**頭出しフレーズ**

…するつもりです
I'm going to …
アイム　　　　　ゴーインタ

この夏は、2週間休みをとるつもりです。
- *I'm going to have two weeks off this summer.*

時計を買うつもりです。
- *I'm going to buy a watch.*

この冬はハワイに行くつもりです。
- *I'm going to Hawaii this winter.*

明日、出発する(離れる)つもりでいます。
- *I'm going to leave tomorrow.*

Instant Phrases ❷

★未来、予定には"アイム・ゴーインタ"がいい

時間は絶えず流れているのだから、「〜します」「〜の予定です」「〜するつもりです」は、すべて I'm going to …のパターンで表現できる。

中学の英語で登場した"I go to school."式の、いわゆる現在形は「行く」という動作を主に表現したのではなく、習慣を表わしているのだ。実際の動作は常に未来に向かって流れる時間と共にあるのだから"〜ing"を使うこと。

未来形には有名な"I will …"のパターンがあるが、これも"I'm going to …"とほとんど同じ意味だと考えてよい。また、「予定です」という意味をさらに、明確にしたいときは、"I'm planning to …"のパターンを使うとよい。

I'm planning to go to Canada this summer.
この夏はカナダへ行く予定です。

「〜するつもりですか？」のように、相手に質問をするときは、"Are you going to 〜 ?"（アーユー・ゴーインタ）のパターンをとる。

Are you going to have dinner alone ?
1人で夕食をとるつもりですか？　＊alone（アローン）

──── これで実力アップ ────

左頁の表現"I'm going to Hawaii …"には注意。「〜へ行くつもりです」では、I'm going to のパターンの後に動詞のgoがつくことになる。この場合、パターンで使われたgoingが後に来るべきgoも兼用し省略される。つまり、I'm going to 地名，のパターンとなるわけだ。

❷ よく通じる**頭出しフレーズ**

(**…したいんですが**
I'd like to …
アイドゥ　　　ライクタ)

▶ 2席分予約したいんですが。
I'd like to reserve two seats.

▶ 予約をキャンセルしたいんですが。
I'd like to cancel my reservation.

▶ 夕食にお連れしたいのですが。
I'd like to take you out for dinner.

▶ 7時にお会いしたいのですが。
I'd like to see you at seven.

▶ 日本へ電話をかけたいのですが。
I'd like to make a call to Japan.

Instant Phrases ❷

★"アイドゥ・ライクタ"は安心して使える

「～したい」という意味を表わす英語表現は2種類ある。1つは "I want to …"（アイウォントゥー）、そして "I'd like to …" のパターンである。

両者共にほとんど同じ意味を表わすが、前者の I want to … のパターンは比較的に事務的なニュアンスがあり、I'd like to …のほうは丁寧な表現である。したがって、その場によって使い分けてもよいが、外国人の私たちにとっては I'd like to …をまず頭に入れておいた方が無難で好印象を与える。

この2つのパターンをもう少し応用すると、さらに詳しい表現が可能になる。

I want to ⟶ I want 人 to …
I'd like to ⟶ I'd like 人 to …

各々 want、like の後に人物を入れて使うと「～さんに…してもらいたい」という意味の表現になる。

I want you to post this letter.
あなたにこの手紙を出してもらいたいのですが。
I'd like him to go there.
彼にそこへ行ってもらいたいのですが。

━━━━━ これで実力アップ ━━━━━

　reserve（リザーヴ）とは、ホテルの部屋、レストラン、劇場、航空機、列車などの座席を「予約する」こと。これに対して、面会、診察などの「予約」は appointment（アポイントメント）を使う。「(面会の)予約をしたいのですが」なら "I'd like to make an appointment."。

❷ よく通じる**頭出しフレーズ**

(申し訳ありませんが…
I'm sorry…
アイム　　ソーリー)

▶ 申し訳ないんですが、太郎は今外出しています。
I'm sorry Taro is out now.

▶ 申し訳ありませんが、彼は会議に出ております。
I'm sorry he's in a meeting.

▶ 申し訳ありませんが、彼女は別の電話に出ております。
I'm sorry she's on another line.

▶ 申し訳ありませんが、在庫を切らしております。
I'm sorry it's out of stock.

▶ 申し訳ありませんが、それら(の商品)は扱ってません。
I'm sorry we don't handle them.

Instant Phrases ❷

★注意が必要な"アイムソーリー"

　日本人は、不用意に「すみません」を連発するとよく言われる。特に、外国では"I'm sorry."を言うと、場合によっては大変な保障を要求される…、ということも耳にされた人が多いのではないだろうか。

　確かに、欧米では個人の責任意識が日本よりも強い。そのため、場合によっては"I'm sorry."を口にしたために保障や弁償を求められた例は数多い。

　ポイントは、確信を持って自分に非があると感じたら「ゴメンなさい」は言うべきだ。特に、日本の心やさしい女性に多いのだが、通りすがりに棚にある商品が崩れたりすると、自分が触れたのかどうか確信がなくても「すみません」を口にする人が多い。私たち日本人の感覚から判断すると、この女性の態度は好ましいものである。

　残念ながら、欧米の発想からするとこの種のやさしさ、大らかさはない。したがって、日本語の発想をストレートにI'm sorry.に直すのはある意味で危険である。

　逆に、通勤電車などで体が触れ合ったときなどは、欧米人は比較的に軽い"ゴメンなさい"であるExcuse me.（イクスキューズミー）をよく口にする。

―――これで実力アップ―――

　line（ライン）とは「線」のことだが、会話表現の中では「電話（回線）」の意味で用いられることが多い。電話の表現で有名な「そのままお待ちください」にもlineが使われている。"Hold the line, please."。

❷ よく通じる**頭出しフレーズ**

Give me …
…をください
ギヴミー

- 彼の電話番号を教えてよ。
  Give me his phone number.

- あなたの住所を教えてください。
  Give me your address, please.

- ひげをそってください。
  Give me a shave.

- 例を示してください。
  Give me an example, please.

- きみの考えを言ってくれないか。
  Give me your thoughts.

Instant Phrases ❷

★ **姿形がなくても"ギヴミー"でいこう**

左頁の見出しでは「…をください」となっているが、物理的な物だけではなく、ある状態や一種の情報まで…の位置に入れることができる。

頭を柔らかくして、左頁に示した実際の表現をもう1度観察していただきたい。そんなに難しい連想ではないはずだ。

his phone number ─→ 彼の電話番号をください ─→ 彼の電話番号を教えてください

a shave ─→ ひげをそることをください ─→ ひげをそってください

your thoughts ─→ あなたの考えをください ─→ あなたの考えを言ってください

ある程度文法に詳しい人なら、Give me…のパターンを見たとたんに「命令文だな」と気づかれたかもしれない。命令口調ではなんとなく心配だな…、と感じる人はP.44で示したWill you…?のパターンを利用してみてはどうだろうか。

Will you give me your thoughts？
あなたの考えを言ってくれませんか？

─── これで実力アップ ───

英語の日常表現で使われる最重要基本動詞の1つがgiveである。基本的意味の「与える」から派生して「供給する」「託す」「屈する」「を催す」など幅広い意味がある。

give a party「パーティーを開く」、give a cough「せきをする」、Give me a rain check.「これに懲りないでまた誘ってくださいね」。

❷ よく通じる**頭出し**フレーズ

…かしら(…かなぁ)？
I wonder…
アイ　　　　ワンダー

▷ いったいどうしたんだろう?
I wonder what's up.

▷ あなたは三木さんを知っていましたかね?
I wonder if you know Mr. Miki.

▷ そのビルはどこにあるんだろう?
I wonder where the building is.

▷ 彼は誰だろう?
I wonder who he is.

▷ それをどうやればいいんだろう?
I wonder how to do it.

Instant Phrases ❷

★疑問を感じたら迷わず"アイワンダー"

　心の中で感じた疑問を自問する形で表現したのが、I wonder …のパターンである。

　…の位置には、if(イフ)のような接続詞、what, where, when, who（フー）などの疑問詞、how to do（ハウ・トゥドゥー）のような句などが入って多様な表現をすることができる。

I wonder whether she will come here.
彼女はここへ来るのかなぁ？
I wonder when the rainy season will set in.
梅雨はいつ始まるのだろう？
I wonder what it means.
それはどういう意味なんだろう？
I wonder why he got angry.
なぜ彼は怒ったのかなぁ？

　また、wonderの後にthat（省略されることが多い）がつづくと「…には驚く」「…とは不思議だ」という意味になる。

I wonder that the stock crashed.
株が暴落するとは驚くよ。
I wonder we have a heavy snow here.
ここで大雪が降るとは不思議だなぁ。

これで実力アップ

　how to use（ハウ・トゥ ユーズ）とは「〜のやり方」という意味を表わす。日常会話では使用頻度が高いのでぜひマスターしておきたい。「それ（機械類の使い方など）やり方がわかりません」は "I don't know how to use it."。

❷ よく通じる頭出しフレーズ

…しなければいけないんです
I have to …
アイ　　　　ハフタ

▷ ではそろそろ失礼します。（電話表現）
I have to go.

▷ あす出発しなければならないんです。
I have to leave tomorrow.

▷ 会合に出席しなければならないんです。
I have to attend the meeting.

▷ 彼の代理を務めなければいけないんですよ。
I have to take the place of him.

▷ 今日、私が料理をしないといけないんです。
I have to cook today.

Instant Phrases ❷

★"アイハフタ"で、誘いに対する上手な断わりを

「ねばならない」という意味からすぐに連想するのが、有名な"must"（マスト）である。学校の授業で、have to は must の代用としての役割だけを教えるので、両者の間に微妙な意味の違いがあることを知る人は少ない。

must には、話し手の意志、考え、命令などの感覚が含まれている。これに対して、have to には外的な事情による「ねばならない」を意味しているのだ。

I must go. と言えば、話し手が自分の意志、義務感から「行かねばならない」を意味していることになる。これに対し I have to go. となると、話し手の意志よりも外的事情によって「行かねばならない」ことを暗示している。

have to のパターンでは、三人称の主語（She, He, Tom など）をとった場合は has to の形に、また「ねばならなかった」のように過去の表現では had to の形に変化する。

She has to change her schedule.
彼女はスケジュールを変更しなければいけない。
I had to keep standing all the way.
ずっと立っていなければならなかったんです。

── これで実力アップ ──

「ねばなりませんか？」のように疑問形にしたいときは Do I have to … ? のパターンとなる。「すぐに行かなければなりませんか？」なら "Do I have to go at once ?" となる。また、don't have to … のパターンは、「…する必要はありません」という意味を表わす。

❷ よく通じる**頭出しフレーズ**

…のときに・のころに
When I was…,
ウェンナイワズ

- 若いころに…
When I was young,

- ニューヨークにいたときに…
When I was in New York,

- 子供のころに…
When I was a child,

- 大学生のときに…
When I was a college student,

- 20歳のときに…
When I was twenty years old,

Instant Phrases ❷

★昔話には欠かせない"ウェンナイワズ"

　左頁を見てすぐに気づかれたと思うが、示した表現はすべて完結したものではない。

　表現の流れを見ると、「私が…のとき（ころ）、〜しました（でした）」となっている。一般的に日本人の傾向を考えると、このように長い表現では、英語の各部分が断片的に頭に浮かび、自分の言いたいことがバラバラになってしまう。

　表現を大きく2つに分けてみると、前半と後半ではどちらのほうに重要度があるのだろうか？　次の表現を見てほしい。
「私は若いころ、よくドライブに行ったものです」

　この表現でわかるように、相手に伝えたい第一要件は後半部で、前半は後につづく表現を詳しくする"味付け"の役割を果たしているわけだ。

　つまり、言い出しの部分は予め十分に頭に入れておいて、余裕を持って後半の重要部をしっかりと言うくせをつけたい。

　When I was young, I would often go for a drive.　would often（ウッドッフン）は「よく…したものだ」の意味。

　When I was in New York, I worked hard.
　ニューヨークにいたときにはよく働きました。
　When I was a child, I had no toys like that.
　私が子供のころには、そのような玩具は全くなかった。
　When I was a college student, I was good at skiing.
　＜注＞good at（グダット）：〜が得意
　大学のころはスキーが得意でしたよ。
　When I was twenty years old, I lived in a small apartment house.
　20歳のころには小さなアパートに住んでいました。

❷ よく通じる **頭出し**フレーズ

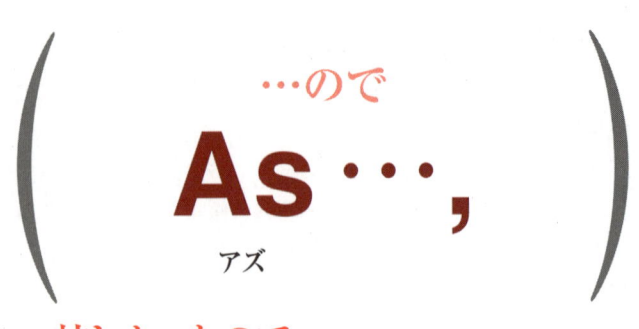

…ので
As …,
アズ

- 忙しかったので…
 As I was busy,

- 出張していたので…
 As I was out of town,

- よく眠れなかったので…
 As I couldn't sleep well,

- 列車が混んでいたので…
 As the train was crowded,

- 会議に出席しなければならないんで…
 As I have to attend the meeting,

Instant Phrases ❷

★理由を言うには"アズ"から切り出す

「…なので」「…だから」のように理由を言うときにはAsが便利である。学校の英語でおなじみのbecause（ビコウズ）も同じ働きをするが、口語ではAsのほうがよく使われる。

As I was busy, I didn't go there.
忙しかったので、そこへは行きませんでした。
As I was out of town, I couldn't meet him.
出張していましたので、彼には会えませんでした。
As I couldn't sleep well, I feel exhausted.
よく眠れませんでしたので、体がだるいです。
As the train was crowded, I kept standing.
列車が混んでいたので、立ちづめでした。
As I have to attend the meeting, I want you to go there for me.
会議に出席しなければいけないんで、君にそこへ行ってもらいたいんだけど。

Asを使ってはじめから理由を述べるのではなく、相手の反応を見て言葉を補足するときはfor（フォア）を使う。

I stayed at home yesterday, for I had a cold.
昨日は家にいましたよ、…風邪をひいたんですよ。

── これで実力アップ ──

crowded（クラウディッ）は、be + crowded + with ～のパターンで「～で混雑する」という意味になる。
「通りは人で混雑していました」なら"The street was crowded with people."となる。

❷ **よく通じる頭出しフレーズ**

…をありがとう
Thank you for…
サンキュー　　　　　フォア

- ご招待ありがとうございます。
  Thank you for your invitation.

- プレゼントをありがとう。
  Thank you for your present.

- いろいろとありがとうございました。
  Thank you for everything.

- 夕食をごちそうさまでした。
  Thank you for the nice dinner.

- ご親切ありがとうございます。
  Thank you for your kindness.

Instant Phrases ❷

★照れずに言いたい、感謝の"サンキューフォア"

日本人は心の中では感謝していても、その場でタイミングよく"サンキュー"を口にすることが苦手である。

感謝の気持ちといっても、それぞれの場面で度合いが異なる。何かしてもらったことに対して、習慣による"条件反射"に近いものから、心を込めた丁寧なものまであるわけだ。

Thanks.
どうも（ありがとう）。

"サンクス"は最も簡単な感謝の表現でオフィス内、クラス、家庭などでよく耳にする。もう少し感謝の度合いを強めたければ"Thanks a lot."（サンクサロッ）と言う。

I appreciate your help.
ご援助を本当に感謝しています。

"アプリシエイト"とは、相手があなたのためにしてくれた労苦に対して、感謝の気持ちを表わす丁寧な表現である。

Than you for …のパターンに very much を加えると感謝の度合いが深まって、「本当にありがとう…」のニュアンスになる。Thank you very much for everything. なら（いろいろと、本当にありがとうございました）となる。

これで実力アップ

invitation（インヴィテイション）とは「招待」という意味。invitation card と言えば「招待状」を表わす。

kindness（カインドネス）は「親切」を意味する名詞で形容詞の「親切な」は kind となる。It's very kind of you. なら「ご親切に（ありがとう）」を意味する。

❷ よく通じる**頭出しフレーズ**

(…させてください
Let me …
レッ　ミー)

▶ 自己紹介させてください。
Let me introduce myself.

▶ 調べてみます。
Let me check it.

▶ ちょっとそれを試させてください。
Let me try it.

▶ 知らせて(教えて)ください。
Let me know, please.

▶ そうですねえ、ええっと…
Let me see.

76

Instant Phrases ❷

★「…させて」には迷うことなく"レッミー"

　Letの基本的な意味は、「したいならさせる」ということで、強制力はない。「…させる」については、マスターしておきたい語が3つあり、その各語によって、相手に対する強制力の度合いが違う。

　make：最も強い強制力を示す。
　　I'll make him go.
　　（彼が嫌っても）行かせます。
　have：一般的な「…させる」を表わす。
　　I'll have him go.
　　彼を行かせます。
　let：放任に近い強制力を示す。
　　I'll let him go.
　　（彼がそうしたいなら）行かせます。

　以上3つとも、let（make, have）＋人＋動詞のパターンになっていることも頭に入れていただきたい。

　Letと言えば、"Let's…"（レッツ）はよく知られている。「一緒に…しましょう」という意味だ。

　Let's start in a moment.
　すぐに出発しよう。

――― これで実力アップ ―――

　Let me try it. は、その場の状況でいろんな意味が考えられる。目の前に食物があれば「試食させて…」になり、動作をしていれば「私にやらせて…」になる。最後にonを付けると「試着させて」になる。**Let me try it on.**

❷ よく通じる**頭出しフレーズ**

…したことがありますか？
Have you ever…?
ハヴュー　　　　エヴァ

● ブラウンさんに会ったことがありますか？
Have you ever met Mr. Brown ?

● 京都に行ったことがありますか？
Have you ever been to Kyoto ?

● 天ぷらを食べたことがありますか？
Have you ever had Tempra ?

● パンダを見たことがありますか？
Have you ever seen a panda ?

● ネコを飼ったことがありますか？
Have you ever had any cats ?

Instant Phrases ❷

★これまでの経験は"ハヴューエヴァ"で聞こう

ever（エヴァ）とは、相手に質問する表現（疑問文）などの中で「今までに」の意味で用いられる語である。

Have you ever…?のパターンで尋ねられたときは"Yes" "No"の他に、回数などを言うことが多い。

Have you ever been to Kyoto？
—— Yes, I've been there once.

"I've"（アイヴ）は、I haveの短縮形である。once（ワンス）は、「1回（度）」を表わす。回数に関連する表現は、次の通りである。

twise（トゥワイス）→「2回（度）」
three times（スリー・タイムズ）→「3回（度）」
3回（度）以上は、"～times"のパターンで表現する。
many times（メニー・タイムズ）→「何回（度）も」

Have you ever seen a panda？
—— No, I never have.

never（ネヴァ）は「1回（度）もない」を意味する。ついうっかりして"I have never."と言ってしまうことが多いので、neverの位置には要注意。

これで実力アップ

（have）been to…は、「…へ行ったことがある」と、これまでの経験を表わす。「行く」は、確かに"go"であるが（have）gone to…のパターンになると、「…へ行ってしまった」と主に完了を表わすことになる。He has gone to Europe.「彼はヨーロッパへ行ってしまった」。

❷ よく通じる **頭出し**フレーズ

(誰が…したんですか?
Who ··· ?
フー)

- きのう誰が私に電話してきたの?
  Who called me yesterday?

- 誰がそう言ったのですか?
  Who said so?

- 誰がそこへ行ったんですか?
  Who went there?

- 誰が一等(位)になったの?
  Who won the first prize?

- 誰がその仕事を引き受けたんだい?
  Who took on the work?

Instant Phrases ❷

★状況によっては"フー"だけでも通じる

「誰が…したんですか？」のパターンだから、Whoの後には直接に過去形の動詞が入る。

Whoの用法については、混乱している人が多い。次のことを頭の中でよく整理していただきたい。

〈Who do you … ?のパターン〉

「誰に（を）」の意味となる。過去形の表現ならWho did you …?のパターンとなる。

Who did you see in the office ?
その事務所で誰に会ったの？

〈Who are you ?のパターン〉

Whoの後にbe動詞がきて、人物の職業、間柄、身分などを尋ねるパターン。

Who is he ?
── He is my boss.

上の例は「彼は誰？」に対して「私の上司です」と間柄を答えている。

──これで実力アップ──

主な動詞の過去形は次の通り。─①─

make（メイク）→ made（メイドゥ）：作る、になる
write（ライト）→ wrote（ロウト）：書く
go（ゴウ）→ went（ウェント）：行く
win（ウィン）→ won（ワン）：勝つ
take（テイク）→ took（トック）：取る
see（スィー）→ saw（ソー）：見る

❷ よく通じる**頭出し**フレーズ

…がわかりません
I don't know …
アイ　　ドン　　　ノウ

それの使い方がわかりません。
I don't know how to use it.

誰に会えばいいんですか？
I don't know whom to see.

どちらの列車に乗るのかわからないんです。
I don't know which train to take.

いつそこへ行けばいいのかわかりません。
I don't know when to go there.

操作の仕方がわからないんです。
I don't know how to operate it.

Instant Phrases ❷

★身につくと非常に便利な"アイドンノウ"

このパターンでは、次のことを頭にしっかり入れておくこと。

I don't know ＋疑問詞＋to …

つまり、後半の疑問詞（how, what, when, where, whom, which など）にto がついて「…すべきかわからない」という意味を表わすのだ。

I don't know
- when to go. ──→ いつ行けばよいか
- where to go. ──→ どこへ行けばよいか
- how to go. ──→ どうやって行くか

I don't know how to say it in English.
それを英語でどう言うのかわかりません。

ただし、which の場合は直後にtrain（bus, plane, way）のような名詞が付いてからto …につづくことが多い。

I don't know which way to go.
どちらの道に行くべきかわかりません。

──これで実力アップ──

take は、基本的に「取る」であるが、物理的に物を取るだけではなく「方法の選択」「手段の選択」としての「とる」意味も表わす。

たとえば、ある場所へ行くときにいくつかの交通手段が考えられる。バス、タクシー、電車といった手段の中からどれか1つを選ぶとき、take が役目を発揮する。

"Let's take a taxi." と言えば「タクシーを手段として選びましょう」、つまり「タクシーに乗ろうよ」となる。

❷ よく通じる**頭出し**フレーズ

…によれば
… says (that)
セズ　　　　ザッ

- テレビによると…
  The TV says that …

- 新聞によると…
  The paper says that …

- …ということわざの通りですよ。
  The proverb says, …

- 天気予報によると…
  The weather man says that …

- 株式市場によると…
  The stock market says that …

Instant Phrases ❷

★テレビも新聞もみんな"セズ"でOK

　say（セイ）は、基本的には「言う」という意味を表わすが、書物、手紙、新聞などに「…と書いてある」、計器類が「…を示す」、ラジオ・テレビなどが「…と報告（道）している」などの意味を知っている人は意外に少ない。

　これらの意味から発展させると「…によれば」ということになる。

　なお、sayに"s"がつくと「セズ」と発音する。

The TV says that the U.S. declared war on Iraq.
テレビ（の報道）によると、アメリカは、イラクに宣戦布告した。

The paper says that traffic deaths are increasing year by year.
新聞によれば交通事故死亡者は年々増加している。

The proverb says, "Do in Rome as the Romans do."
「郷に入っては郷に従え」とことわざにあります。

The weather man says that a typhoon is coming.
天気予報によれば、台風が近づいているそうです。

The stock market says that the economy is going to pick up.
株式市場によれば、景気は好転しているようです。

Today's paper says that Chrysler Corporation laid off many workers.
今日の新聞によれば、クライスラー社は大量の労働者を解雇した。

　なお、上の例文のToday's（トゥデェイズ）とは、「今日の」という意味である。

❷ よく通じる頭出しフレーズ

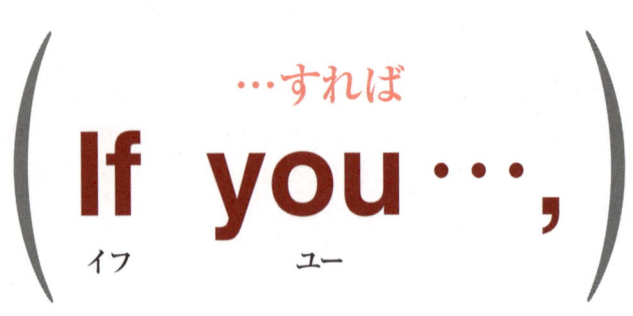

If you …,
…すれば
イフ　ユー

▶ ここを10時に出発すれば…
If you leave here at ten,

▶ 急がないと…
If you don't hurry,

▶ もう1度それらを調べれば…
If you check them again,

▶ 私と一緒に来れば…
If you come with me,

▶ それが欲しければ…
If you want it,

Instant Phrases ❷

★要チェック ── 条件を表わす"イフユー"

「…すれば」「…なら」というように条件を表わすときには、If you…のパターンを使う。

このパターンでは、「もう1度それらを調べれば…」のようにこれから先にすること、つまり未来の内容がくる。

しかし、条件を示すパターンの中では"未来形"は使わないので注意してほしい。

（誤）If you will start at once,…
（正）If you start at once,…

ただし、結論を表わす後半部では普通に未来形をつくる。以下の例文を見ていただきたい。

If you leave here at ten, you will catch the plane.
10時にここを出発すれば、その飛行機に乗れますよ。
If you don't hurry, you'll be late.
急がないと遅れますよ。

if you…のパターンを文尾に置いて軽い条件を表わす言い方もある。

Join us, if you like.
もしよかったら、私たちに加わりませんか？
I'll go with you, if you want.
お望みなら私が同行しますよ。

これで実力アップ

a lot of（アロットヴ）は、「多くの…」を表わす。数にも量にも使うことができるので非常に便利なフレーズだ。aを取って、lots of（ロッツォヴ）となることもある。

❷ よく通じる頭出しフレーズ

…しないでください
Don't …
ドン

▶ そのことについては心配しないでください。
Don't worry about it.

▶ ここでたばこを吸わないでください。
Don't smoke here.

▶ その事実を彼に言わないでくださいよ。
Don't tell him the fact, please.

▶ 遅れないようにしなさい。
Don't be late.

▶ 騒がしくしないで！
Don't be noisy.

Instant Phrases ❷

★ダメなことはストレートに"ドン"と言おう

　文法的に言えば、don'tはdo notの短縮形である。しかし、「…しないでください」と言うときは、Do not…のようには一般的には言わない。
　(誤) Do not come in.
　(正) Don't come in.（部屋に入って来ないで！）
　Don'tの直後に入る動詞は原形（辞書の見出しに載せられている形）で用いる。したがって、be動詞は"am, are, is"の形ではなく一律に"be"となる。

Don't be late for the meeting.

会議（合）に遅れないようにしなさい。

　Don'tよりさらに強い禁止の意味を相手に伝えるときは、表現の頭に"Never"（ネヴァ）を置く。

Never smoke in the hospital.

病院内では決してタバコを吸ってはいけない。

Never give up！

絶対にあきらめるな。

── こ)れ)で)実)力)ア)ッ)プ ──

　worry about…は「…を心配する」意味。worryは「取り越し苦労」に近い感覚を表わす。将来のことに関する「心配」にはbe anxiousを使う。「（将来のことは）心配しないで」ならDon't be anxious.
　late（レイトゥ）は「遅れる」という意味を表わす形容詞で「〜に遅れる」と言うときは「be動詞＋late＋for〜」のパターンになる。

❷ よく通じる頭出しフレーズ

…したい気がします
I feel like 〜ing
（アイ　フィー　ライク）

▶ ちょっとお茶を飲みたいね。
I feel like having a cup of tea.

▶ ドライヴに行きたい気分だね。
I feel like going for a drive.

▶ 泳ぎたい気分です。
I feel like swimming.

▶ ちょっと散歩したい気がする。
I feel like taking a walk.

▶ 今日は外出する気にならないよ。
I don't feel like going out today.

Instant Phrases ❷

★ふと何かをしたい気分なら"アイフィーライク"

　オフィスや家庭で、ふとお茶を飲みたくなったり、音楽を聴きたくなったり、晴天の青空を見上げているうちにゴルフに行きたくなったりする。
　これらの気分はすべて、I feel like 〜ing のパターンで表わすことができる。
「…したい気分（気持ち）だった」のように、過去の表現もすることができる。この場合は、feel を過去形のfelt（フェルト）に直す。

I felt like crying then.
そのときは泣きたい気持ちでした。
I felt like skiing.
スキーをしたい気分でした。

　左頁の最後の表現は否定の表現で、「…したくない気分です」という気持ちを表わす。「…気分でした」と過去にしたいときは、I didn't feel like 〜ing のパターンにする。

I didn't feel like seeing him yesterday.
昨日は彼に会う気になれなかったの。

―――これで実力アップ―――

　「…している（た）」を表わす進行形や feel like 〜ing のパターンでは、動詞の"〜ing"形が必要である。
　基本的には、動詞にing を付けるといいが次のものには注意したい。つづりが各々短い"ア・イ・ウ・エ・オ"の音と子音（アイウエオ以外の音）の組合わせのときは最後のつづりを重ねる。running, swimming, getting など。

❷ よく通じる頭出しフレーズ

…は当然だ・当たり前だ
No wonder…
ノウ　　ワンダー

▶ 彼が成功したのは当然だ（不思議なことではない）。
No wonder he has succeeded.

▶ あなたが頼りにされるのも無理はないですよ。
No wonder you're relied upon.

▶ その本がよく売れるのは当然ですよ。
No wonder the book sells well.

▶ 彼女が怒ったのは当たり前だよ。
No wonder she got angry.

▶ 彼が逮捕されたのは当然だ。
No wonder he was arrested.

Instant Phrases ❷

★ "ノウワンダー"は「…そんなこと驚かないよ」

正確に言うと"It is no wonder that…"であるが、会話では"No wonder…"のパターンで使われる。

人と話をしていて、ようやく合点(がてん)がいって「道理で…」とか、「無理もないよ…」といったニュアンスの表現はこのパターンで十分である。

類似表現に、"may well…"（メイウェル）がある。

You may well say so.
そうおっしゃるのも当然です。

Mr. Smith may well be proud of his company.
スミスさんが会社を自慢にするのももっともです。

── これで実力アップ ──

…you're relied upon「頼りにされる」、…he was arrested「逮捕された」のように「…される」という表現は受動態（受け身）と呼ばれる。

英語の受け身表現には、簡単なパターンがある。

◉主語＋be動詞＋過去分詞

「窓がこわされた」

The window was broken.

「～によって」と行為者を言うときは、表現の最後にby人の形で付加する。The window was broken by Jim.

過去分詞は、規則変化の動詞は過去形と同様に-edの形で、不規則変化の動詞は辞書の巻末の「不規則動詞の変化表」で調べていただきたい。表は基本的に、各語につき右から現在形（原形）→過去形→過去分詞の順になっている。

❷ よく通じる頭出しフレーズ

…だと思いますか?
…do you think ?
ドゥー　ユー　スィンク

- …は何だと思いますか?
  What do you think … ?

- …はいつだと思いますか?
  when do you think … ?

- …はなぜだと思いますか?
  Why do you think … ?

- …はどこだと思いますか?
  Where do you think … ?

- …はどうやったと思いますか?
  How do you think … ?

Instant Phrases ❷

★「思いますか?」には"ドゥーユースィンク"

このパターンでは、まず疑問詞の再確認が必要である。

What→何？　When→いつ？　Why→なぜ？　Where→どこ？　How→どうやって？　Who→誰が？　Whom→誰に？

…do you think は、これらの疑問詞を使った表現の中にそう入されたものと考えられる。

What is he ?　→　What（do you think）he is ?

カッコの後の語順が"is he"から"he is"のように普通の並びに戻っていることに注意したい。

What do you think it is ?
それは何だと思いますか？
When do you think he'll come to Japan ?
彼はいつ日本へやって来ると思いますか？
Why do you think it's important ?
なぜそれが重要だと思うのですか？
Where do you think I should take her ?
彼女をどこへ連れて行ったほうがいいと思いますか？
How do you think they got over the trouble ?
彼らがどうやってそのトラブルを乗り越えたと思いますか？

――― これで実力アップ ―――

　thinkの発音は、絶対に「シンク」としないこと。カタカナ書きには限界があるのであえて「スィンク」としたが本来は、上下の前歯と舌を一点に集合させて息を通すと、自然に発生する摩擦音が正しい音である。

❷ よく通じる頭出しフレーズ

…ということのようです
I understand…
アイ　　　アンダスタン

▸ どうも三木さんは辞職(任)するようですね。
I understand Mr. Miki will resign.

おたくの会社は好調のようですね。
▸ *I understand your company's getting along well.*

▸ 彼は入院しているようです。
I understand he's in the hospital.

▸ それは本当ではないと聞いています。
I understand it isn't true.

Instant Phrases ❷

★「…と理解していますが」なら"アイアンダスタン"を

P.50に解説した"I hear …"のパターンと似ているが、こちらは、**手に入れた情報を十分に理解していることを暗に示している。だから、単なる伝聞ではない。つまり、「私のほうとしては…のように理解してるんですが」**というニュアンスを込めた表現である。

この種の表現に"see"がある。実際に「目を通して見る」だけではなく「心を通して見る」、つまり「理解する」「察知する」意味でも使えるのだ。

たとえば、"I see."は「なるほど、わかりました」という意味である。「私は見る」ではまったく意味が通らない。

I saw that you were right.

君が正しいことがわかりました。

saw（ソー）はseeの過去形。

Do you see what I mean?

私の言ってる意味がわかりますか？

mean（ミーン）は、「意味する」「意図する」ということ。

―――これで実力アップ―――

resign（リザイン）とは、「辞職（任）する」ことを表わす。つづりを見ると、「再び」を表わすreと「サインする」を表わすsignでできている。つまり、"2度目のサイン"だから「辞める」ことになるのだ。

(Ex.) recall：再び呼ぶ→を思い出す、recreate：再び創る→休養する、気晴らしする、recycle：再び回転させる→再生する、reform：再び形成する→改良する

❷ よく通じる**頭出し**フレーズ

…といえば
Speaking of …
スピーキングゴヴ

▶ インターネットといえば…
Speaking of the internet,

▶ コノリーさんといえば…
Speaking of Mr. Connoly,

▶ 花といえば…
Speaking of flowers,

▶ 映画といえば…
Speaking of the movies,

▶ ウインター・スポーツといえば…
Speaking of winter sports,

Instant Phrases ❷

★話の展開は"スピーキンゴヴ"でスタート

会話の中で、相づちやつなぎ言葉は、車のハンドルのようなもので非常に重要な役割を果たしている。次のフレーズは大変便利なものばかりである。

Apart from that,	話は違いますが…
In fact,	実は…
By the way,	ところで…
For instance,	たとえば…
Anyhow	とにかく…
Frankly speaking,	率直に言いますと…
Basically,	基本的には…
I might say,	言ってみれば…
So called	いわゆる…
Generally speaking,	一般的に言えば…
Strictly speaking,	厳密に言えば…

以上の他にも、つなぎ言葉は数多くある。英会話の上手な人ほど、この種の表現が得意であることを知っておきたい。

───（こ）（れ）（で）（実）（力）（ア）（ッ）（プ）───

　problem（プロブレム）とは、日常社会で一般に起こる「問題」のこと。…problemの言い方は便利なのでマスターしておきたい。（Ex.）an economic problem「経済問題」、a political problem「政治問題」

　「問題を解決する」はsolve（ソルヴ）the problemと言う。一方、テストなどの「問題」はquestion（クエスチョン）で、「問題を解く」ならanswer the question。

❷ よく通じる **頭出しフレーズ**

…するといつも
Every time I…
エヴリ　　タイム　　アイ

▶ 休みをとるたびに…
Every time I have a day off,

▶ 外出するといつも…
Every time I go out,

▶ こちらに来るといつも…
Every time I come here,

▶ 困ったことになったときはいつも…
Every time I am in trouble,

▶ 東京で車を運転するときはいつも…
Every time I drive in Tokyo,

Instant Phrases ❷

★「いつも…だ」なら、即"エヴリタイム・アイ"

「……するといつも」という表現を思い浮かべたとき、文法に詳しい人は"Whenever"(ウェンネヴァ)や"always"(オウルウェイズ)を使おうとする。

これは基本的には間違いではないのだが、前者は口語にしてはちょっと固くなるし、後者には非難の感じが含まれることが多い。

余裕があれば次の表現も練習しておきたい。
Whenever they meet, they quarrel.
彼らは会えばいつも口げんかをするんですよ。
When I meet him, he always drinks too much.
彼と会うと、いつも彼は深酒をするんです。
Every time…の表現は次の通り。
Every time I have a day off, I go to my cottage.
休みをとるといつも別荘に行きます。
Every time I go out, I drop in at the coffee shop.
外出するといつもそのコーヒーショップに立ち寄ります。
Every time I come here, I remember my school days.
ここにやって来るといつも学生時代を思い出します。
Every time I am in trouble, I talk with him.
困ったことがあるといつも彼に相談します。
(be) in trouble とは「困った状態(況)になる」、talk with(トークウィズ)は「…に相談する」という意味。
Every time I drive in Tokyo, I get nervous.
東京で車を運転するときはいつも神経質になりますよ。
get nervous(ゲッ・ナーヴァス)は「神経質になる、イライラする」という意味を表わす。

❷ よく通じる**頭出しフレーズ**

必ず…してくださいよ
Be sure to …
ビー　シュア　トゥー

必ずまた来てくださいよ。
Be sure to come back again.

必ずそれのコピーをとってくださいよ。
Be sure to make a copy of it.

必ず私に手紙を書いてくださいね。
Be sure to write to me.

ドアには必ずかぎをかけてください。
Be sure to lock the door.

必ず明かりを消してください。
Be sure to turn off the light.

Instant Phrases ❷

★ "ビーシュア・トゥー"で伝わる「きっと…してね」

sure（シュア）の基本的な意味は次の通りである。

〈形容詞として〉

「確かな」「確信して」などの意味。つまり、自分の考え、判断で確信していることを表わす。

be sure to…のパターンは、これらの意味をふまえてできたものである。類似のパターンに "I'm sure (that) …" があり、「…であることを確信している」という意味になる。

I'm sure that he'll come tomorrow.
明日、彼はきっと来ますよ。

〈副詞として〉

「確かに」「本当に」などの意味を表わす。特に、アメリカ口語では、返事として「そうですとも」といった意味で多用されるものだ。

How about lunch with me？
—— Sure.
一緒に昼食どう？
——もちろん（いいとも）。

これで実力アップ

write to は、「手紙（便り）を書く」という意味。したがって、letter（レター）を重ねて言う必要はない。

turn on（ターノン）は、電気製品のスイッチなどを入れることを表わす。switch on（スウィッチオン）も同じ意味で使う。反対に「消す」ときは、turn off（ターノフ）である。

❷ よく通じる **頭出しフレーズ**

今度…するときは
Next time…
ネクス　　　タイム

▶ 今度、日本に来たら…
Next time you come to Japan,

▶ 今度あなたに会ったときは…
Next time I see you,

▶ 今度また気分が悪くなったら…
Next time you feel sick,

▶ 今度パーティーをするときは…
Next time I give a party,

▶ 今度、助けが必要なときは…
Next time you need help,

Instant Phrases ❷

★「今度こそ…」と言うときは、"ネクスタイム"を使う

「次回には…」という表現は、日常会話の中で使用頻度が高い。文法的には、"When I…"や"When you…"のパターンの一種だと考えるとわかりやすい。

次の例文で口慣らしをしていただきたい。

Next time you come to Japan, I'll take you to Kyoto.
今度日本に来たら、あなたを京都へ連れて行きますよ。
Next time I see you, let's have dinner.
今度会ったときは、夕食を食べましょう。
Next time you feel sick, you should take this medicine.
今度気分が悪くなったとしたら、この薬を飲んだほうがいいですよ。
Next time I give a party, I'll call you up.
今度パーティーを開くときは、あなたに電話します。
Next time you need help, please let me know.
今度助けが必要なときは、どうぞ知らせてください。

──◯これ◯で◯実◯力◯ア◯ッ◯プ──

take 人 to …(テイク・トゥー)で「人を…へ連れて行く」ことを表わす。「息子を明日、ディズニーランドへ連れて行きます」なら、"I'm going to take my son to Tokyo Disneyland tomorrow."となる。

You should(ユーシュッド)は「…すべきだ」という意味。shouldは助動詞で後には動詞の原形が入る。また、「…すべきではない」ならYou should not [shouldn't](ユーシュドゥント)となる。

❷ よく通じる **頭出し**フレーズ

…（病気）です
I have …
アイ　　　ハヴ

▶ カゼをひいています。
I have a cold.

▶ 頭痛がします。
I have a headache.

▶ 腹痛（胃痛）がします。
I have a stomachache.

▶ 寒気がします。
I have chills.

▶ 歯が痛みます。
I have a toothache.

Instant Phrases ❷

★痛みがあるとき、言い出しは"アイハヴ"

I have…と聞いて「私は持つ」では頭が固すぎる。物理的に形のないものでも「所有」していればI have…のパターンは使える。したがって、病気（の症状）などにも非常によく使う。特に、「痛み」に関する症状は、ほとんどI have…で表わすことができる。

「痛み」を表わす"－ache"は「エイク」と発音する。

headache ──►「ヘデイク」
stomachache ──►「スタマッケイク」
toothache ──►「トゥースエイク」

また、I have…のパターンと同じく症状に関して使われる表現が"I feel…"のパターンだ。

I feel faint [dizzy].
ふらふらします。

I'm feeling low.
気分がすぐれません。

I feel hot.
熱っぽいです。

── これで実力アップ ──

「痛み」の程度を表す語句は次の通り。

slight（スライト）：少し、かすかな
(Ex.) I have a slight toothache.
severe（スィヴィア）：激しい、ひどい
splitting（スプリッティング）：割れるような（に）
(Ex.) I have a splitting headache.

❷ よく通じる**頭出しフレーズ**

先日…
The other day…
ズィ　　アザー　　デェイ

- 先日バッグを失くしました。
  The other day I lost my bag.

- 先日、彼が電話してきましたよ。
  The other day he called me up.

- 先日ブラウンさんに会いました。
  The other day I saw Mr. Brown.

- 先日、私たちはゴルフに行ったんですよ。
  The other day we played golf.

- 先日カメラを買いました。
  The other day I bought a camera.

Instant Phrases ❷

★期日の不明瞭な過去には"ズィアザーデェイ"がよい

　過去のある時、つまり「先日…」が The other day…である。英語では時を示す語句は、表現の最初でも最後でも構わない。語順が多少違っていてもコミュニケーションは十分にできる。

「過去」を示す表現は次の通り。

　実際の会話のやりとりでは、これらの語句だけでも非常に役立つものばかりだ。

　ago（アゴウ）：話をしている現在時点から過去のほうへさかのぼって「…前に」を表わす。

　　ten minutes ago「10分前に」（テンミニッツ）
　　two days ago「2日前に」（トゥーデェイズ）
　　three weeks ago「3週間前に」（スリーウィークス）
　　about a month ago「約1か月前に」（アバウタマンス）
　　five years ago「5年前に」（ファイヴイヤーズ）
　last（ラスト）：「昨～」「去～」などを表わす。
　　last night「昨夜」（ラストナイト）
　　last week「先週」、last month「先月」、last year「去年」

――これで実力アップ――

　主な動詞の過去形は次の通り。－②－

lose（ルーズ）→ lost（ロストゥ）：失くす
call（コール）→ called（コールドゥ）：電話する
play（プレイ）→ played（プレイドゥ）：～する、遊ぶ
buy（バイ）→ bought（ボートゥ）：買う
get（ゲッ）→ got（ゴッ）：得る

❷ よく通じる**頭出しフレーズ**

…したほうがいいですよ
You'd better …
ユードゥ　　　　　ベター

医者に見せたほうがいいですよ。
You'd better see the doctor.

今すぐ出発したほうがいいですよ。
You'd better start now.

寝たほうがいいですよ。
You'd better go to bed.

そこへは行かないほうがいいですよ。
You'd better not go there.

厚化粧をしないほうがいいよ。
You'd better not make up strong.

Instant Phrases ❷

★アドバイスは、ずばり"ユードゥベター"

You'd better…とは、"You had better"の短縮形である。hadが使われているが決して過去形の文ではない。

had betterは助動詞の働きをしているので、後には原形動詞がつづく。「…しないほうがいいよ」と否定的内容の表現をするときには"had better not 原形"のパターンになる。つまり、他の助動詞（can, must, willなど）と同じようにすれば否定文ができるわけだ。

I can swim.→I can't [cannot] swim.
泳げます。泳げません。
You'd better walk.→You'd better not walk.
歩いたほうがいいよ。歩かないほうがいいよ。

「…したほうがいい」という表現では、主語が"You"だけとはかぎらない。

We'd better hurry up.
私たちは急いだほうがいいよ。
He'd better take a rest.
彼は休息をとったほうがいいですよ。

～これで実力アップ～

　see the doctorは「診察を受ける」ことを意味する。「医者を呼びにやる」と言うときはsend for the doctorと言う。

　go to bedの表現に注意。これは慣用句で「寝る」という意味を表わす。仮に、go to the bedと言えば「ベッドの所に行く」ことを表わす。the [a] がポイントである。

❷ よく通じる**頭出しフレーズ**

…をよくしたものです
I would often …
アイ　　　　ウッドッフン

▶ よく映画を見に行ったものです。
I would often go to the movies.

▶ 以前はよく登山をしたものです。
I would often climb mountains.

▶ 古いコインを収集したものです。
I would often collect old coins.

▶ よく夜ふかししていたものです。
I would often stay up late.

▶ よく魚釣りをしたものですよ。
I would often enjoy angling.

Instant Phrases ❷

★「思い出」は"アイウッドッフン"

I would…のパターンは、過去のことを思い出して「…したものです」という意味を表わす。

また、意味の中に「(以前は)…したのに現在はそうではない」という感じを込めている。

このパターンには、頻度の高さ「よく…」を示すoften(オフン)が共に用いられることが非常に多い。したがって、I would often…を1つのパターンとして頭に入れておくことをおすすめしたい。

過去を示す表現だから、過去の時を示す語句がパターンの前後に置かれることが多い。

When I was a student, I would often stay up late.
学生のころは、よく夜ふかししたものですよ。
I would often enjoy angling two or three years ago.
2、3年前はよく釣りをしたものです。

I would often…に対して、ある時期に定期的に「…したものだ」を表わすときは"I used to…"(アイユースタ)のパターンが使われる。

I used to play basketball after school.
(学校の)放課後、バスケットをしたものです。

上の例では、バスケットのクラブをした意味が暗示される。

───これで実力アップ───

angling(アングリング)とは「魚釣り」のこと。日本ではfishing(フィッシング)が有名だが、プロではなく趣味の釣りではanglingを使ったほうがよく通じる。

❷ よく通じる 頭出しフレーズ

（程度が）どのくらい…ですか？
How … ?
ハウ

- （時間・長さ）がどのくらいですか？
  How long … ?

- （金額・量・重さ）がどのくらいですか？
  How much … ?

- （距離）がどのくらいですか？
  How far … ?

- （数）がどのくらいですか？
  How many ～s … ?

- （年齢・古さ）がどのくらいですか？
  How old … ?

Instant Phrases ❷

★ "ハウ"で始めて程度を尋ねる

物事の程度を尋ねるにはHow …のパターンを使う。…の位置には、左頁に示したものの他にhigh（ハイ）、deep（ディープ）、wide（ワイド）などが入る。

How long does it take to the hotel?
そのホテルまでどのくらい時間がかかりますか？
How long is the bridge?
その橋の長さは？
How much is it?
それはいくらですか？
How much does it weigh?
その重さはどのくらいですか？

weighは「ウエイ」と発音する。「…の重さがある」という意味の動詞で、「重さ」を表わす名詞のweight（ウェイトゥ）と区別すること。

How far is it from here?
ここからどのくらい離れていますか？
How many photos did you take?
何枚、写真を撮ったんですか？

このパターンでは、How manyの直後に複数形がつづくので注意したい。

How old is that building?
あのビルはどのくらい古いんですか？
How high is the tower?
その塔の高さは？
How large is Central Park?
セントラルパークの広さはどのくらいですか？

❷ よく通じる**頭出しフレーズ**

人を…の気分(状態)にする
make(s) 人 …
メイク(ス)

▶ それでイライラするんです。
That makes me nervous.

▶ 彼の発言に彼女は怒ったんですよ。
His remarks made her angry.

▶ そのニュースに私たちは心配しましたよ。
The news made us worried.

▶ 私たちは上司とはうまくいきません。
Our boss makes us uneasy.

▶ 働き過ぎると病気になるよ。
Overwork'll make you sick.

Instant Phrases ❷

★ "メイク(ス)"はすなわち「…な気分にさせる」

　生物以外のものが主語になる表現は、日本語ではあまり使わない。しかし、英語ではこの種の言い方が数多くある。「人を…の気分(状態)にする」という表現は、日本語としては少し不自然な感じだが、この意味を基本にして柔らかい頭で臨機応変にとらえてほしい。

　基本的に make と同じパターンを形作る語には、keep, name などがある。

keep＋人[物]＋…　を…にしておく

Keep your room clean.
お前の部屋をきれいにしておきなさい。

name＋人[物]＋…　を…と名付ける

We named our baby Judy.
私たちの赤ん坊にジュディーと名前を付けました。

これで実力アップ

　worried(ウォリードゥ)は、動詞であるworryの過去分詞形で、形容詞の扱いになったもの。正確には「心配な(状態)」を意味する。

　uneasy(アンイズィ)は、「不安な」「不愉快な」「きまりが悪い」などの意味を表わす。否定の意味を示す"un"とeasyが組合わさった語である。

　(Ex.) unfair(アンフェア):不公平な、unhappy(アンハッピィ):不幸な

❷ よく通じる**頭出しフレーズ**

（人）に…するように伝える
I'll tell 人 to …
アイル　　テル　　　　　トゥ

▶ あなたに電話するように彼に伝えます。
I'll tell him to call you.

▶ 彼らに確認するように伝えます。
I'll tell them to make sure.

▶ 田中さんにそれ（計画など）を推し進めるように伝えます。
I'll tell Miss Tanaka to push it.

▶ 彼にミスをしないように言っておきます。
I'll tell him not to make mistakes.

▶ 彼らに遅れないように言っておきます。
I'll tell them not to be late.

Instant Phrases ❷

★人に指示を出したければ"アイルテル・トゥ"

to に動詞の原形がつづいたものを不定詞と呼ぶ。不定詞の直前に人（生物）がある場合は、不定詞の示す動作の主であることを示す。

I'll tell them to make sure.
　　　　　彼らが　　確認する

上の表現を文法通りに日本語にすると、「私は彼らに確認することを伝えましょう」となる。つまり、「彼らに確認するよう伝えます」ということになるのだ。

「…しないように伝える」という表現をするときは、不定詞、つまり"toの部分"の直前に"not"を付け"not to…"のパターンにする。

I'll tell him not to drink too much.

彼に（酒を）飲み過ぎないように言います。

「…するように伝えました」と、過去の表現にする場合は、tell を told（トゥルド）に変える。

I told her to join the party.

彼女にパーティーに来るように伝えました。

━━━これで実力アップ━━━

make mistakes（メイク・ミスティクス）とは「ミスをする」ということ。"miss"（ミス）も同じ意味があるが、「（チャンスなど）をのがす」や「…がいなくてさびしく思う」という意味で使うことが多い。

❷ よく通じる**頭出しフレーズ**

（人）に…してくれるように頼む
I'll ask 人 to …
アイル　アスク　　　　トゥ

上司に15日間の休暇をくれるよう頼むつもりです。
▶ *I'll ask my boss to give me fifteen days' vacation.*

私の代わりに彼女に行ってもらうように頼みます。
▶ *I'll ask her to go for me.*

彼にタバコを吸わないように頼むつもりです。
▶ *I'll ask him not to smoke.*

妻に寝過ごさないように言うつもりです。
▶ *I'll ask my wife not to oversleep.*

Instant Phrases ❷

★人にお願いする＝"アイルアスク・トゥ"

　askは「尋ねる」という意味ではよく知られているが、このようにask＋人＋to…のパターンでは「頼む」という意味になる。文法的な型で言えば、前項のtell＋人＋to…とまったく同じである。この他に「(人)に…してもらいたい」の意味で、次の2通りのパターンがある。

want＋人＋to…

I want you to correct the document.
君にその書類（のミス）を修正してもらいたい。
I want you not to go there.
そこへ行かないでほしい。

would＋like＋人＋to…

I'd like you to cheer her.
あなたに彼女を元気づけていただきたいんです。
I'd like you not to retire.
（職務、職場など）やめないでいただきたいのです。
would like…のパターンはwant…よりも丁寧な表現。

――― これで実力アップ ―――

　vacation（ヴァケイション）とは、「長期の休暇」のこと。「夏休み」はthe summer vacation、「冬休み」はthe winter vacation。

　holiday（ホリディ）は、祝日・祭日による「休日」を意味する。

❷ よく通じる**頭出しフレーズ**

…する必要はないですよ
You don't have to…
ユー　　ドン　　ハフタ

▶ どうぞお構いなく…。
You don't have to do that.

▶ 急ぐ必要はないですよ。
You don't have to hurry up.

▶ あなたがお金を払う必要はないですよ。
You don't have to pay for it.

▶ 私と一緒に行く必要はないですよ。
You don't have to go with me.

▶ いつもより早く起きる必要はないですよ。
You don't have to get up earlier.

Instant Phrases ❷

★ "ユードンハフタ"は「…しなくていいよ」

P.68で登場した"I have to…"を、主語をYouにして否定形にしたもの。"have to"「ハフタ」と発音する。

「…する必要はない」の表現には、もう1つよく使うパターンがある。

You need not …

「ユーニードゥノッ」と発音する。

You need not boil them.
それらをゆでる必要はありません。
You needn't come here in a moment.
すぐにここへ来る必要はありませんよ。
needn't（ニードゥン）は、need notの短縮形である。

これで実力アップ

earlier（アーリアー）は、early「早い」の比較級である。形容詞と副詞は、辞書の見出し語として示されている本来の形を原級と呼ぶ。

しかし、他のものと形容詞や副詞について比較する表現では原級のままでは使えない。たとえば、日本語でも「早い」（原級）に対して、他と比較したときには「より早い」（比較級）となる。英語では、基本的に原級に"er"を付けると比較級ができあがる（特殊な形を取るものもある）。

(Ex.) happy→happier、small→smaller（小さい）、big→bigger、fast→faster（速い）、hot→hotter（暑い）、good→better

❷ よく通じる**頭出しフレーズ**

…があります
There is [are] …
ゼアリズ　　　　　　［アー］

▶ かどにパン屋さんがあります。
There is a bakery on the corner.

▶ 6階にバーがあります。
There's a bar on the sixth floor.

▶ 市内には4つのホテルがあります。
There are four hotels in the city.

▶ この辺りには城がありました。
There was a castle around here.

▶ そのころたくさんの劇場がありましたよ。
There were lots of theaters then.

Instant Phrases ❷

★「…がある」なら"ゼアリズ[アー]"が最適

　外国人に向かって道案内などをするとき、「…があります」と言うつもりなのに、目印のビル（building）、店（shop, store）、橋（bridge）などが先に口に出てしまって、その後の表現がつまってしまうことがある。

　しかし、それでも十分に立派な英語になるのだ。

　A fruit store…is there.

　これだけの表現ができれば、ほとんど問題ない。thereとは「そこに」ということ。一般的な会話では、そこにあるものを強調するために後から逆にひっくり返して言っているのだ。

　そこにあるものが、単数（1つ）なら"There is…"となり、複数（2つ以上）なら"There are…"となる。

　There is / There areにはそれぞれ短縮形がある。前者はThere's、後者はThere'reとなる。

　There is much water in the pool.

　プールの中には大量の水があります。

　この種の表現は勘違いをしやすいので注意が必要。「水」はどんなに大量にあっても「1つ2つ」と数えることはできない。つまり数ではなくて「量」なのだ。量はどれだけあっても数えられないから"There is［was］…"のパターンをとる。

「…はありますか（ありましたか）？」のように疑問の表現にするにはThereとbe動詞の位置を入れ換える。

　Is there a Japanese restaurant？

　日本レストランはありますか？

　Were there any injured people？

　負傷者はいましたか？

　injured（インジャードゥ）は「傷ついた」という意味。

❷ よく通じる頭出しフレーズ

一種の…です
It's a kind of …
イッツァ　　　　カインドヴ

▶ それは一種の海産物です。
It's a kind of marine products.

▶ それは一種の海草のようなものです。
It's a kind of seaweed.

▶ それはくだものの一種です。
It's a kind of fruit.

▶ それは熱帯植物の一種です。
It's a kind of tropical plant.

▶ それは野菜の一種です。
It's a kind of vegetables.

Instant Phrases ❷

★ 説明の味方は"イッツァカインドヴ"

kind（カインド）は中学の授業で形容詞としての用法が教えられるので「親切な」という意味はよく知られている。

このパターンに使われるkindは、名詞で「種類」という意味である。

kindは日常会話の中では、非常によく使う。特に、アメリカ人の中にはほとんど口ぐせのように、kind ofを連発する人が多い。もちろん、この場合にはほとんど意味を成さない。

kindの基本的な用法は次の通り。

What kind of animals do you like ?
どんな種類の動物が好きですか？
There are many kinds of alpine plants in this area.
この地域にはいろんな種類の高山植物があります。
I don't like this kind of picture.
私はこの種の絵は嫌いです。

"It's a kind of…"のパターンにあまりによく似ているので、あわて者は区別がつかないパターンがある。

It's kind of…　いくぶんか…

違うところは"a"があるか、ないかだけである。
It's kind of hot today, isn't it ?
今日はちょっと暑いね。
I kind of expected it.
その程度のことだと思ってましたよ。

expect（イクスペクト）は「期待する」という意味だから、kind ofが入ることによって「ちょっとだけ期待した」、つまり「まあそんなところだと思った」となったわけだ。

❷ よく通じる**頭出し**フレーズ

時間[お金]が…かかる
It takes [costs]…
イッ　テイクス　[コウスツ]

▶ そこへ行くには30分かかります。
It takes 30 minutes to go there.

▶ 私がそれをやり終えるのに2日かかります。
It takes me two days to finish it.

▶ 思ったより時間がかかりました。
It took me longer than I thought.

▶ それは100万円するでしょう。
It'll cost me one million yen.

▶ その本を手に入れるのに10ドルかかりました。
It cost me 10 dollars to get the book.

Instant Phrases ❷

★時間やお金がからむと"イッテイクス［コウスツ］"

　パターンの最初にある"It"には意味がない（文法的には意味があるが、会話の習得には詳細は必要ない）ので、一種の記号程度に考えていただきたい。

　表現の最初にItを"記号"として使うパターンは、この後の項にも登場するので、詳細はそこでじっくり口慣らしをしていただきたい（P.130、P.132参照）。

〈Itを記号として表現の頭に置くパターン〉
　①「時間・お金が…かかる」を表わす
　②「明るい・暗い」などを表わす
　③ 天候・気候の状態を表わす
　④ 時刻・距離などを表わす
　⑤ It〜to…のパターン

　この他にもあるが、会話で使うものとしてこのくらいマスターしておきたい。

　It takes［costs］…のパターンに戻るが、過去を表わす場合には各々takes→took、costs→costの形になる。

――― これで実力アップ ―――

　million（ミリオン）は「百万」を意味する。ちなみに、「千」はthousand（サウザンドゥ）、「百」はhundred（ハンドゥレッ）と言う。

　日本の通貨単位は"Yen"で、アメリカの単位はdollar（ダラー）である。これらの単位の前に金額がくるが、それが複数でもYenはそのままの形で、dollarにはsが付く。
（Ex.）fifty yen「50円」、fifty dollars「50ドル」。

❷ よく通じる 頭出しフレーズ

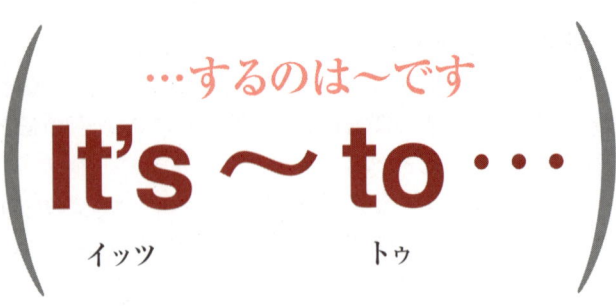

…するのは〜です
It's 〜 to …
イッツ　　　　　トゥ

▶ そこへ行くのは簡単です。
It's easy to go there.

▶ その仕事を1日でこなすのは厳しいですよ。
It's hard to do it in a day.

▶ 英語をしゃべるのは大変（難しい）です。
It's difficult to speak English.

▶ その情報を手に入れるのは不可能です。
It's impossible to get the information.

▶ 細部を確認するのは重要な（大切な）ことです。
It's important to confirm the details.

Instant Phrases ❷

★「簡単だ」「困難だ…」は"イッツ"を頭に

最も重要な表現の1つである。

心の中で「簡単だ…」「困難だ」「不可能だ」「重要だ…」などの表現を口にしようとするときは、まず"It's"から口に出すこと。

It's ＋形容詞＋ to …

上のパターンで、…には「…すること」を表わす動作（動詞）が入る。

［形容詞］

easy（イーズィ）　　　　　　簡単だ、容易だ
hard（ハード）　　　　　　　厳しい
difficult（ディフィカルト）　難しい、困難だ
impossible（インポッスィブル）　不可能だ
important（インポータント）　重要だ、大切だ
necessary（ネセサリー）　　　必要だ

このパターンに「～さんが…するのは」のように人を入れるときは次のようになる。

It's ＋形容詞＋ for ＋人＋ to …

It's easy for him to speak English.
彼が英語を話すのは簡単だ。
It's difficult for me to make the plan.
私が計画を立てるのは難しいです。
It's very kind of you to say so.
そのように言ってくださってご親切に（ありがとう）。
kind「親切な」の後では"of 人"の形になるので注意。

❷ よく通じる頭出しフレーズ

(天候・時刻)は…です
It's ···
イッツ

10時25分です。
▶ *It's 10:25.*

今日は暑いですね。
▶ *It's hot today, isn't it?*

こちらでは風が強いです。(電話などで)
▶ *It's windy here.*

ひどく雨が降ってました。
▶ *It was raining hard.*

9時半です。
▶ *It's half past nine.*

Instant Phrases ❷

★「暑い、寒い」「…時です」も"イッツ"でよし

気候、天気の表現は数多くある。

warm（ウォーム）	暖かい＊hotより穏やかである
cool（クール）	すずしい
chilly（チリー）	はだ寒い
sunny（サニー）	日当たりのよい、すっきり晴れた
foggy（フォギー）	霧の多い（かかった）
windy（ウィンディ）	風の強い
snowy（スノウィー）	雪がよく降る
rainy（レイニー）	雨がしとしと降る

時刻の表現では、数字の言い方に注意が必要である。

時刻を表わす数字は、列車や飛行機のフライトなどで示すように"10：25"のような言い方が最も便利である。

つまり、時刻は"："で区切って、左右それぞれに数字を言えばよい。

10：25→テン：トゥエンティファイヴ

「正午」ならIt's noon.（ヌーン）、「夜の12時」ならIt's midnight.（ミッドナイト）と言えばよい。

──これで実力アップ──

half past…（ハーフパスト）は、「…時半」を表わす。はっきりした時刻ではなく、ばく然と「…時ごろ」を表わすなら"about"（アバウト）や"around"（アラウンド）を、「ちょうど」なら"just"（ジャスト）をそれぞれ時刻の前に付ける。

❷ よく通じる**頭出し**フレーズ

とても〜なので…できない
too 〜 to …
トゥー　　　　トゥ

とても疲れてるのでこれ以上歩けません。
▶ **I'm too tired to walk.**

とても忙しかったのでそのパーティーには行けませんでした。
▶ *I was too busy to join the party.*

彼女はデートをするには若すぎます。
▶ **She's too young to have a date.**

泳ぐには寒すぎますよ。
▶ **It's too cold to swim.**

（金額が）高すぎて買えませんでした。
▶ *It was too expensive to get.*

Instant Phrases ❷

★「～すぎて…できない」を表わす"トゥー・トゥ"

英語表現を見て、「あれッ、can'tがない」と思われた人が多いかもしれない。その通りで、このパターンにはcan'tは必要ない。

"too"とは、状態の程度が過ぎてしまったことを表わす。だから"too hot"と言えば、「暑すぎる」、"too busy"ならば「忙しすぎる」ことになる。

tooが不定詞（to…）とセットになって、「～すぎて…できない」意味になるのだ。つまり、このパターンを使うと、どこにも"not"は必要ないことになる。

tooの後の～の位置には状態を表わす形容詞が入る。

I was too excited to sleep.

あまりに興奮していたので眠れませんでした。

前項に登場した"It's ～ to …"のパターンと同じように、物が主語になってtoの前にfor 人が入ることもある。

The car was too expensive for me to buy.

その車は私にはあまりに高価すぎて買えませんでした。

── これで実力アップ ──

any more（エニモア）とは、「もうこれ以上…」と否定を予感させる表現。

join（ジョイン）は「加わる」という意味を表わす動詞。会話の流れではその場に応じた意味になる。"Join us."なら、「加わらないか」「一緒に来ない？」「一緒に一杯やりましょう（食べましょう）」など様々。

expensiveは「イクスペンスィヴ」と発音する。

❷ よく通じる頭出しフレーズ

…こと［もの］は、
What … is [was]
ホワッ　　　イズ　［ワズ］

▶ 私が欲しいものは…
What I want is …

▶ 私が言いたいのは…
What I want to say is …

▶ 彼が言ったのは…
What he said was …

▶ 私が探しているのは…
What I'm looking for is …

▶ 彼女が買ったのは…
What she bought was …

Instant Phrases ❷

★**疑問ではないのに"ホワッ"が活躍するケースとは**

"What"といえば、「何?」という意味が頭に浮かぶはずだ。ところが、この項のwhatは疑問の表現とは全く関係ない。

「…する[した]ことは〜」

という意味を表わすのにwhatが有効に使えるのだ。

What I want is a waterproof camera.
私が欲しいのは防水のカメラです。
What I want to say is that she is right.
私が言いたいのは、彼女が正しいということです。
What he said was true.
彼が言ったことは正しかったのです。
What I'm looking for is her ring.
私が探しているのは彼女の指輪です。
What she bought was an expensive fur coat.
彼女が買ったのは、高価な毛皮のコートでしたよ。

What…の部分は、表現の後半に置くこともできる。

It's a big secret what he said.
彼が言ったことは、ぜったい秘密です。
He showed me what he had bought.
彼は買ったものを見せてくれました。

後半にある"had bought"を大過去と呼ぶ。上の表現では「彼は見せた」と「彼は買った」の2つの過去形がある。この2つの行為は同時に行なわれたものではない。順序として、まず「買った」、そして「それを見せた」わけだ。同じ過去でも、より古いほうを大過去と呼び"had + 過去分詞"で表わし、より現在に近いほうを過去形で表わす。

❷ よく通じる **頭出しフレーズ**

（実際は違うが）ならいいのに…
I wish …
アイ　　　ウィッシュ

- 今日が休日ならいいのに…。
  I wish today were a holiday.

- 彼が今ここにいてくれたらいいのに…。
  I wish he were here now.

- 車を持っていればいいんですけど…。
  I wish I had a car.

- 晴れならよかったのに…。
  I wish it were fine.

- スキーができればなあ…。
  I wish I could ski.

Instant Phrases ❷

★「ならなあ…」と、ため息つくときは"アイウィッシュ"

現在や過去の事実に反する願望は"I wish…"のパターンで表現する。

ただし、次の規則を守ること。一見難しく感じるかもしれないが、いったんマスターすると非常に便利な表現である。

〈発想のもとになる事実が現在のとき〉

事実：残念ながら、今日は休日ではない。

願望：今日が休日ならいいのに…。

パターン：I wish 〜過去形

〈注1〉 〜の部分がbe動詞ならすべて"were"を使う。

I wish I were a king.

ぼくが王様ならいいのに…。——▶王様ではない。

I wish it were fine.

晴れならいいのに。——▶晴れていない。

I wish I could swim.

泳げればいいんだけど。——▶泳げない。

〈注2〉 〜の部分が助動詞なら"could"のように過去形にする。(Ex.) may→might, will→would

〈発想のもとになる事実が過去のとき〉

願望：…だったらよかったのに

パターン：I wish 〜had +過去分詞

I wish I had been a student.

私が学生ならよかったんだけど。——▶学生ではなかった。

I wish Jim had bought the car.

ジムはその車を買えばよかったのに。——▶車を買わなかった。

I wish it had snowed.

雪ならよかったんだけど。——▶雪ではなかった。

❷ よく通じる**頭出しフレーズ**

…に興味がある［ない］
I'm [not] interested in…
アイム ［ノッ］ イントゥレスティッディン

- 御社の製品に興味があります。
  I'm interested in your products.

- 日本の歴史に興味があります。
  I'm interested in Japanese history.

- 料理に興味があります。
  I'm interested in cooking.

- 絵画には興味がありません。
  I'm not interested in painting.

- 魚釣りには興味がありません。
  I'm not interested in angling.

Instant Phrases ❷

★何かに関心を示すなら"I'm interested in …"

あえて文法用語を用いると、このパターンは受動態である。ただし、日本語の表現では能動態で、日英の両語の発想の違いがよく表れているパターンと言える。同様の例は数多くある。

〈日本語の発想〉　　〈英語の発想〉
　…に驚く　　　　　…に驚かされる
　…に満足する　　　…に満足させられる
　…にガッカリする　…にガッカリさせられる

実際の表現で見ていただきたい。

I was surprised at the news.
そのニュースに驚きました。

I am satisfied with the result.
その結果に満足しています。

She was disappointed with her husband.
彼女は夫にガッカリした。

類似の表現方法に、「生まれる」もある。

I was born in 1955.
1955年に生まれました。

この表現では、日本語では「生まれました」と言っているが、英語では受動態で「生まされた」となっている。

── これで実力アップ ──

　result（リゾルトゥ）は「結果」の意味。各語の発音は次の通り。なお、語尾の「ト、ド」は聞こえないほど小さな音だ。surprised「サプライズドゥ」、satisfied「サティスファイド」、disappointed「ディサポインティッドゥ」

❷ よく通じる**頭出しフレーズ**

ここに…があります[います]よ
Here…
ヒア

▸ さあ、駅に着きましたよ。
Here we are at the station.

▸ ご健康を祝して(乾杯)!
Here's to your health!

▸ (手渡しながら)はい、切符ですよ。
Here's your ticket.

▸ ここにあなたをびっくりさせるものがありますよ。
Here's a surprise for you.

▸ 私たちが乗るバスがやって来ましたよ!
Here comes our bus!

Instant Phrases ❷

★望むものが手元にあれば（来れば）"ヒア"を使おう

　Hereを1つの意味に限定するのは困難である。「ここに」「ここへ」などの意味が知られているが、ばく然と話し手の身近にもの（人）があること、近づいて来ること、そして「さあ」のような間投詞の意味まで表わす。

　この"Here"の用法と表裏を成しているのが"There"の用法（P.124の"There is〔are〕…"のパターンとは異なる）である。

　There goes the bell.
　ああ、鐘が鳴っている。
　There she goes.
　ほら、彼女が通って行くよ。

　この例からわかるように、Hereに対してThereは話し手から離れた行為（状態）を示している。両者の感覚の違いをそのまま表わしたイディオム（熟語）が"Here and there"で「あちこちに（で）」という意味になる。

　例文のa surpriseは「意外な贈り物・知らせ」などを表わす。場合によっては、子供たちへの「お土産」を表わすこともあり、日本語訳はこれらに置き換えることもできる。

── これで実力アップ ──

　health（ヘルス）は「健康」の意味である。"健康ブーム"のおかげで、形容詞形のhealthy（ヘルスィー）がよく使われる。これは「健康な」という意味。だから"ヘルシーな食べ物"などという表現は奇妙だ。「健康によい」というもう1つの形容詞形はhealthful（ヘルスフル）だ。

❷ よく通じる頭出しフレーズ

…のように感じます
sound(s)…
サウンドゥ（サウンズ）

- 面白そうですね。
  That sounds interesting.

- そりゃあ素晴らしいね（すてき）！
  That sounds great !

- なかなかいい考えのようですね。
  That sounds like a good idea.

- 変な話だなあ（合点がいかないなあ）。
  Sounds queer.

- 彼女は先生のような口調で話すね。
  She sounds like teacher.

Instant Phrases ❷

★ **"サウンドゥ"は「思われる」に近い**

sound とは、名詞で「音」、「音響」、動詞として「響く」「(…のように)聞こえる」「思われる」などの意味を表す。実際の会話では、「思われる」に近い感覚で「(心で)のように感じる」意味が多用される。

だから、人の話や意見を聞いて「それはいいね…」と反応するときには、sound を使って "That sounds wonderful." となる。

sound と似た意味で「…らしい」「…のように思われる」という表現を表わすパターンもある。

seem(s) to be [原形動詞] …

「スィーム(ズ)・トゥビー」と発音する。
Mr. Tanaka seems to be ill today.
田中さんは今日は体の具合が悪そうだ。
It seems to snow.
雪が降りそうだ。

── こ れ で 実 力 ア ッ プ ──

interesting(イントゥレスティング)は、「面白い」という意味を表わす形容詞である。be 動詞の後に続けて叙述的に用いることもあるし、「面白い…」のように名詞の前につくこともある。
(Ex.) The boy is interesting.
queer(クイア)は、「奇妙な」とか「変な」という意味を表わす。strange(ストゥレインジ)と同じ意味である。

❷ よく通じる頭出しフレーズ

…のようです
look(s)…
ルック(ス)

▶ どうも雨が降りそうだ。
It looks like rain.

▶ 顔色が悪いですよ。
You look pale.

▶ 若いですね。
You look young, don't you ?

▶ 彼はどうも怒っているようだ。
He looks angry.

▶ 木々は枯れているようですよ。
The trees look dead.

Instant Phrases ❷

★「見える」なら"ルック(ス)"をもってくる

lookといえば、条件反射で「見る」と答える人が圧倒的に多いはず。もちろん、「見る」で間違いではないが、もう一つ大切な意味、つまり「見える」がある。

「見える」という意味で使うときは、lookの後に様子、状態を示す語がくる。

表現を構造的に観察すると、このパターンは英語の最も基本的な表現である"I am a boy."や"It is a pen."と親せきであることがわかる。

次の例を見ていただきたい。

It is red. ⟶ 赤色です。

この表現の"is"を"looks"に置き換えてみる。

It looks red. ⟶ 赤色のように見えます。

つまり、基本構造が同じだから、大切な動詞を入れ換えても全体の構成がこわれないのだ。

これと同じことがbecome（ビカム）「…になる」やget「（ある状態に）なる」についても言える。

{ It is cold. ⟶ 寒い。
{ It gets cold. ⟶ 寒くなる。

{ I am a nurse. ⟶ 看護婦です。
{ I become a nurse. ⟶ 看護婦になります。

――― これで実力アップ ―――

　pale（ペイル）は「（顔色が）青ざめた」、dead（デッド）は「死んだ（状態）」を意味する形容詞。
　look likeは「のようだ」の意味でセットで多用される。

❷ よく通じる**頭出しフレーズ**

(世の中は［世間は］…
Things are …
スィングズ　　　アー)

世の中はだんだん暮らしにくくなってますね。
▶ *Things are getting harder.*

生活（その他）はうまくいっています。
▶ *Things are going well.*

世の中のテンポがだんだん速くなってますね。
▶ *Things are getting faster and faster.*

世の中はだんだん悪くなってます。
▶ *Things are going worse.*

こちら（当地）の生活全般はいかがですか？
▶ *How are things going here ?*

Instant Phrases ❷

★ "スィングズ"は「生活全般」をさし示す

"Things"を耳にして「世の中は…」「世間は…」などの意味を連想するのは、相当英語に慣れた人である。

Thingとは周知のように、本来「物・事」を意味する。これが複数形をとって「事情」「物事」「所持品」などの意味を表すのだ。

基本的に、このパターンでは「事情」の意味を採用して「世の中の諸事情」の感覚で使っているのだ。

"things Japanese"のような使い方をしたら「日本の事情」という意味にとらえるべきだ。

They don't know things Japanese at all.
彼らは日本の事情を全く知らない。

"don't…at all"のパターンで「全く…ない」を表わす。

パーティーや雑談のときなど、「世の中は…」といった表現をしたくなるもの。

特に、互いにビジネスマン同士なら「景気は…」の意味で使うことも可能である。

Mr. Kimura has seen much of life.
木村さんは世間をよく知っている人です。

Don't kid yourself.
世間を甘く見るなよ。

"kid yourself"は「キッデュアセルフ」と発音する。

We were talking of this and that then.
私たちはそのとき世間話をしてました。

As the world goes, it is one of the top-rank companies.
世間から見ると、それは一流企業の1つです。

companiesはcompany（カンパニー）の複数形。

効果的なマスター法その1

★「英会話が上手になる秘訣はありますか？」とよく質問されます。人によって当然、個人差がありますから、「これが秘訣だ」と断定できるものはありませんが、ただし、口語英語を上手に駆使する人たちの間に共通して見られる特徴があります。

★最大の特徴は、自分に関連する"生活単語"を身につけていることです。生活単語とは私たちの身のまわりに存在するものを表わす単語のことです。次の言葉を英語で言えますか？

　コンセント、居間に掛かっているカーテン、市役所（区役所）、車のフロントガラス。

　カタカナ語はそのまま英語にすればよいと考えた人は要注意です。外来語は日本に移入された時点で意味が拡大されたり、つづりが短縮されたり、日本流の発音に変えられたりしたものが数多くあります。

「（電気の）コンセント」はoutlet、「生地の厚いカーテン」はdraperies、またはdrapesと言います。「市役所」はcity hall、「フロントガラス」はwindshieldです。私たちが当然そうだと思っているcurtain（カートゥン）は、小さな窓やホテル浴室の仕切りなどに掛かっている薄地のカーテンのことです。

「フロントガラス」は日本で作られた和製英語でこのままではまったく通じません。私たちの生活を見返して英語で言えるかを確認してください。一般家庭にある物だけをマスターしただけで数百の口語用の単語が身につきます。

③

抜群に効率的な英語マスター法 ③

シーン別の
頭出し
表現をマスター

❸ シーン別の**頭出し表現**をマスター

① 言う・話す

…と話をする ➡ talk to…
（トーク　トゥ）

「言う」「話す」に関して、数多くの表現が考えられるが、"talk to…"は最も一般的なもの。"speak to…"は、「…に話しかける」という意味で用いる。

I talked to Mr. Brown two days ago.
2日前にブラウンさんと話をしたよ。

…について話をする ➡ talk about…
（トーカバウト）

話題がはっきりした事について「話す」こと。場合によっては「…のうわさをする」という意味にもなる。
ただし、"talk business"（トークビズィネス）という言い方をするときは、決して「仕事の話をする」ということではない。これは、慣用的な表現で「まじめな話をする」という意味を表わす。

I'd like to talk about the terms.
（支払い、契約などの）条件についてお話したいんですが。
termsは「タームズ」と発音する。
What are you talking about? I can't get you.
君は何の話をしてるの？ よくわからないよ。
"get you"で「君の言ってることがわかる」を表わす。

152

Instant Phrases ③

スピーチをする ➡ give a speech
（キヴァ　スピーチ）

　"make a speech"（メイカスピーチ）としても同じ意味を表わす。近年は、ちょっとしたパーティーでもスピーチを求められることが多くなっている。アメリカと取引きのあるビジネスマンは、1～2分間のスピーチパターンを1つは用意しておくことをおすすめしたい。

　ちなみに、「テーブル・スピーチ」は和製英語で、このままでは通じない。正確には "after-dinner speech"（アフターディナースピーチ）と言う。

　Would you give a speech ?
　スピーチをお願いします。
　I'd like to speak for our company.
　我社を代表してお話ししたいと思います。
　speak for…（スピークフォア）とは、「…を代表して話をする」ということ。

❸ シーン別の頭出し表現をマスター

② 聞く・聞こえる

…を聴く ➡ listen to… (リスン トゥ)

自然に耳にとどく音を「聞く」のはhearである。これに対して、音楽、ラジオ、スピーチ、講義などを意識して「聴く」のはlisten to…である。

I listen to the radio to kill time.
時間つぶしにラジオを聴きますよ。
kill time（キルタイム）とは「時間（暇）つぶしをする」ということ。

…をたまたま耳にする ➡ happen to hear… (ハプントゥ ヒア)

"happen to"とは、「偶然に…する」ことを表わす。だから「ひょんなことから…を知る」といったニュアンスの表現には有効である。

Do you happen to know his name?
ひょっとして彼の名前知ってる？
I happened to hear her marriage.
彼女の結婚（話）をたまたま耳にしました。
marriageは「マリッジ」と発音する。
I happened to hear his promotion.
たまたま彼の昇進を耳にしました。

Instant Phrases ❸

…は初耳ですよ➡news to me
ニューズ　トゥ　ミー

非常にわかりやすい表現である。話の内容が表現の主語になる。"news"は「ニューズ」と発音すること。

That's news to me.
それは初耳ですよ。

That'sとはThat isの短縮形である。

…のうわさ[様子]を聞く➡hear of…
ヒアオヴ

「事件」「人の様子」などについてうわさを「聞く」ことを表わす。「…を今聞いたところだ」なら"I've heard of…"のパターンで使う。「アイヴ・ハードォヴ」の要領で発音する。

I've never heard of such a man.
そんな人物のことは聞いたことがないよ。

I heard of you.
君のうわさを聞いたよ。

❸ シーン別の頭出し表現をマスター

❸ 食べる・飲む

一杯やる ➡ have a drink
(ハヴァ ドゥリンク)

　日本語で「一杯やる」「一服する」「ひとふろ浴びる」「一休みする」などの表現がある。英語もまったく同じで、本来は"a"が付かないはずの語が慣用句になると"a〜"のパターンをとることが多い。

　have a smoke →一服する
　take a bath →ひとふろ浴びる
　take a rest →一休みする
　Let's have a drink this evening.
　今日の晩、一杯やりましょう。

外食する ➡ eat out
(イータウトゥ)

　eat（イート）が「食べる」、out（アウト）が「外で」だから、文字通りの意味である。
　過去形で「外食した」なら"ate out"（エイタウト）となる。過去分詞形はeaten（イートゥン）である。
　We ate out last night.
　私たちは昨夜、外食しました。
　Have you eaten out with her？
　彼女と外で食事したことありますか？

Instant Phrases ❸

"I'm on a diet."

ダイエットする ➡ (be) on a diet
オンナ　ダイエッ

「ダイエット」はすでに日本語になっている。話題の流れによっては、ワンワードだけでも十分に通じる。

I'm on a diet.
ダイエット中です。

昼食をとる ➡ have lunch
ハヴ　ランチ

最も基本的な「食べる」は "have"（ハヴ）である。
「朝食をとる」→ have breakfast
「夕食をとる」→ have dinner
　一日の3食の名には "a" も "the" も付かない。しかし、delicious（デリーシャス）のような形容詞の前にはaが必要。

I had a delicious lunch.
おいしい昼食をとりました。

❸ シーン別の**頭出し表現をマスター**

④ 始める・始まる

…から始まる ➡ begin at [in]
（ビギン　アッ［イン］）

「…時から始まる」「…曜日から始まる」の"から"はよく知られるfrom（フロム）は用いないので注意が必要。

　後にくる単位によって様々な前置詞をとる。

「…時から［に］」　　　→ at …
「…曜日から［に］」　　→ on …
「…季節・年号から［に］」→ in …
「…本の章・課から」　　→ with …

　次に示した表現で、前置詞の感覚をマスターしていただきたい。日本人は、平均的にこの種の前置詞に弱い。

The party begins at 7 o'clock.
パーティーは7時に始まります。

"o'clock"（オクロック）は「…時」ということ。

The tournament will begin on Friday.
試合は金曜日から始まります。

Spring begins in March in Japan.
日本では春は3月からですよ。

Let's begin with Lesson 2.
第2課から始めましょう。

"To begin with,"となると、「まず第一に」という意味を表わす。

Instant Phrases ❸

…し始める ➡ begin to …
(ビギン トゥ)

過去形はbegan（ビギャン）となる。toの代わりに"ing"形をとっても意味はほぼ同じになる。

It began to snow.
雪が降り始めました。

(催し物など)が始まる ➡ get under way
(ゲッ アンダー ウェー)

催し物、コンサート、スポーツの試合などが「始まる」ときに使う、ちょっと洒落た表現。

Say. The game's getting under way.
ねえ、試合がそろそろ始まるよ。

Say（セイ）とは「言う」ではなく、「ねえ／おい」と人に呼びかけるときの表現。

"I say."（アイセイ）と言うこともある。

❸ シーン別の頭出し表現をマスター

⑤ 終わる・終える・止める

おひらきにする ➡ call it a day
（コールイッタ デェイ）

会議、パーティー、ピクニック、ティールームでの会話など、いろんなときに使える。「今日はそろそろこれくらいで…」といった感じのときにズバリの表現である。

Let's call it a day.
そろそろおひらき（終わり）にしましょう。

（電話で）そろそろ… ➡ I have to go.
（アイ ハフタ ゴウ）

第2章（P.68）で登場した"have to …"のパターンである。電話では相手の姿が見えないだけに、「そろそろ切りたいな…」と思っても英語が出ないのはつらい。

もし、電話が相手からかかったものなら、この表現の次に必ず「お電話ありがとう」を付け加えたい。

I have to go. Thank you for calling.

…を終える ➡ finish … ing
（フィニッシュ）

finishの後に動作がくるときは必ず"ing"の形にすること。
I haven't finished making a copy of it yet.
まだそれのコピーはとってません。

Instant Phrases ③

(タバコなど)やめる ➡ give up…

タバコ、酒など習慣性のものを「やめる」こと。ワンワードで"quit"(クイット)も同じ意味で使われる。

I can't give up smoking.
タバコをやめられません。
Quit drinking.
酒をやめなさい。

(スイッチなど)切る・止める ➡ turn off…

スイッチ類を切るのは、ほとんどこのパターンで十分である。
Will you turn off the gas?
ガス(のスイッチ)を止めてくれる?
Turn off the TV.
テレビを消しなさい。

❸ シーン別の頭出し表現をマスター

❻ 好き・嫌い

…が好きです ➡ like …ing
(ライク)

　likeは単純明快に「が好き」を表わす。ただし、次のことに注意していただきたい。

like …ing　　→「…するのが好き」、一般的、習慣的なことを表わす。

like to …　　→「…したい」、特定の場合を表わす。

Do you like skiing?
スキー(をするの)は好きですか?

もちろん、likeの後に動作ではなく"物"がきてもよい。

I like my coffee black.
ミルク、砂糖ぬきのコーヒーが好きです。

…が口[趣味]に合う ➡ go in for …
(ゴウイン　フォア)

　人によって趣味、趣向、味覚などに対する感覚は違う。感覚的に「合う」、つまり「好き」という表現をするときにはこのパターンがピッタリだ。

What kind of beer do you go in for?
どんな種類のビールが好みですか?

I went in for outdoor sports when I was young.
若いころは、アウトドアスポーツが好きでした。

Instant Phrases ❸

…は肌に合わない ➡ …go against
ゴウ　アゲインスト

前頁の"go in for…"の反対の意味だと考えられる。…の位置には対象となるもの、againstの後には人が入る。

Whiskey goes against me.
ウイスキーは私の肌に合いません。

気が進まない ➡ (be) unwilling to
アンウィリング　トゥ

(be) willing to…となると「喜んで…する」の意味を表わす。willingに否定の"un"が付いているので上の意味となる。

I was unwilling to travel with them.
彼らと一緒に旅行に行くのは気が進みませんでした。
I'm sure she's willing to see you.
きっと、彼女は喜んであなたに会うはずです。
I'm sure…は、「きっと…です」の意味を表わす。

③ シーン別の頭出し表現をマスター

❼ 見る

テレビを見る ➡ watch　TV
（ウォッチ　ティーヴィー）

普通に「見える」のはsee、「ある目的のものを見る」のはlook at、「あるポイントをじっと見る」のがwatchである。「テレビを見る」のは最後のwatchを使う。

ただし、「番組」について言うときはseeを使うから複雑だ。

I was watching TV.
テレビを見てました。
Did you see the news show on TV?
ニュースをテレビでみた？

…をちょっと見る ➡ have　a　look　at…
（ハヴァ　　　　ルッカット）

look atが名詞になったもの。同様に「ちらっと見る」と言うときは"glance at…"（グランス・アット）を使う。

I want to have a look at today's paper.
今日の新聞をちょっと見たいんだが。
"today's"（トゥデイズ）とは「今日の」ということ。
He glanced at the bulletin board.
彼はちらっと掲示板を見た。
bulletin board（ブレティン・ボード）とは、「掲示板」「告知板」のこと。

Instant Phrases ❸

…を見てくる ➡ go and see
(ゴウアン スィー)

"and" を省略して "go see" となることもある。非常に簡潔でわかりやすい表現である。

意味は違うが、同様のパターンで "go and get"「取りに行く」もある。

Someone's at the door. Go and see it.
ドアのところに誰かいるよ。行って見て来なさい。

上の表現の最後の "it" に注目していただきたい。「ドアに誰か…」と人間を示唆しているのに it ではおかしいような気がするはずだ。

英語では、直接に目で確認がとれないとき、そこに明らかに人間がいるとしても "it" を使うのが原則である。

ドアの向こうで誰かがノックしたら "Who is it?"「誰ですか?」と尋ねる。答える方は "It's me."「私です」のように両方とも "it" を使う。

❸ シーン別の**頭出し表現をマスター**

⑧ 得る

手に入れる ➡ come by
（カムバイ）

　基本的に「得る」は、getである。努力、苦労して「得る」という感じを出すときにはobtain（オブティン）を使う。

How did you come by the china?
どうやって、その焼き物を手に入れたんですか？

"china"（チャイナ）とは、「瀬戸物」のこと。最初のＣが大文字なら国名の「中国」である。

At last she obtained the prize.
ついに彼女は賞を獲得した。

金をかせぐ ➡ make money
（メイク）（マニー）

　決してにせ金を造るのではない。「お金をかせぐ」ことである。個人でも会社の場合でも使う。会社なら「利益を上げる」ということになる。
「大金をかせぐ」のなら "make a lot of money" とすればよい。

I hear you're making money.
お金をかせいでいるようだね。

His company made a lot of money last year.
彼の会社は昨年、大きな利益を上げました。

Instant Phrases ❸

…から便りがある ➡ hear from…
<small>ヒアフロム</small>

「…から聞く」ではない。手紙、ハガキなどの便りを「得る」ことを表わす。

Have you heard from Miss Bush?
ブッシュさんから便りがありましたか？

人気がある ➡ catch on
<small>キャッチオン</small>

catch（キャッチ）は、基本的に「動くものをとらえる」こと。公共の乗り物などに「間に合う」のも、世間で流行しているカゼを「とらえる」のも、人気を「得る」のも catch である。

得てから"オン"の状態にするのだから、「人気がある」となるわけだ。

His song is beginning to catch on.
彼の歌は流行し始めました。

❸ シーン別の**頭出し表現**をマスター

⑨ 段取りをつける・手配する

…の段取りをつける
➡ make arrangements for
　　　メイク　　　　　アレンジメンツ　　　フォア

　文字で見ると大変難しそうだが、実際に口慣らしをしてみると意外に簡単だ。

　Who makes arrangements for the party?
　パーティーの段取りは誰がするんだい？

　上の表現よりも、さらに細かい神経を必要とする「段取り」は "make preparations"（メイク・プレパレィションズ）と言う。

　I'll make preparations for it.
　私が段取りをつけます。

どうにか…する ➡ manage to …
　　　　　　　　　　　　マネジ　　トゥ

　manage の本来の意味は「管理する」「経営する」ということ。manage to …のパターンになると「いろいろ考えて（苦労して）どうにか…する」という意味になる。だから「なんとかしましょう」というニュアンスにピッタリの表現である。

　I'll manage to come.
　なんとかして（そちらに）参ります。

Instant Phrases ❸

…の世話をする ➡ take care of …

日本語でも「ケアする」とか、髪の毛の手入れを「ヘアケア」と言ったりする。careとは、「世話」「用心」などの意味を表わす。「…の世話をする」には、look after（ルックアフター）も同じ意味で使われる。

I'll take care of your baby tomorrow.
明日は、私はあなたのお子さんの世話をします。

…につきそう ➡ attend on …

「つきそい人」のことを"attendant"（アテンダント）と言う。動詞のattend（アテンド）は「出席する」「つきそう」などの意味を表わす。

I want you to attend on him.
君が彼につきそってほしい。

❸ シーン別の**頭出し表現をマスター**

⑩ 計画する・計画を変更する

計画を立てる ➡ make a plan
<small>メイカ　プラン</small>

"plan" の1語だけでも同じ意味を表わす。つまり、plan には名詞「計画」という意味と、「計画する」という動詞としての用法があるわけだ。

また「おおまかな計画をたてる」とするときは "rough"（ラフ）を使って "make a rough plan" と言えばよい。

Did you make a plan ?
計画をたてましたか？

I made a rough plan for the winter vacation.
冬休みの大まかな計画をたてました。

「計画をたてる」というより「計画がある」というニュアンスを出すときは "have a plan" を使う。計画がいくつかあるときには "have some plans" とする。

I have some plans to go abroad.
海外に行く計画がいくつかあります。

…するつもりです ➡ plan to…
<small>プラン　トゥ</small>

これも一種の計画である。

How long are you planning to stay here ?
こちらにどのくらい（の期間）滞在しますか？

Instant Phrases ❸

(イラスト: I want to change my plan.)

計画を変更する ➡ change a plan
チェインジャ　プラン

文字通りの意味でわかりやすい。もちろん、"a"の代わりに「私の計画」という意味でmy planとなっても構わない。

I want to change my plan.
私の計画を変更したいのです。

計画を実行する ➡ carry out the plan
キャリー　アウト　ザ　プラン

「計画」に関して"carry"（キャリー）という語は有効である。本来は「運ぶ」という意味だが、これにoutやoverなどがセットになると「実行する」「延期する」などを表わす。

It's impossible to carry out the plan.
計画を実行するのは不可能です。
We should carry the plan over.
その計画は延期すべきだ。

③ シーン別の**頭出し表現**をマスター

⑪ 疲れる・こたえる

疲れる ➡ get tired
　　　　　ゲッ　タイアード

「非常に」を入れたければ、"get very tired"となる。疲れている状態を示すには、be動詞+tiredのパターンにする。

I got very tired.
非常に疲れました。
She seems to be tired, doesn't she?
彼女は疲れている様子ですね。

クタクタです ➡ feel run down
　　　　　　　　フィール　ランダウン

倒れてしまいそうなくらいに疲れていることを表わす。精神的な意味でも使いたいのなら、"(be) worn out"（ウォーン・アウト）が適当である。
　他の「クタクタ…」に近い表現は"(be) exhausted"（イグゾースティッド）、"(be) tired out"などがある。

I feel run down.
もうクタクタです。
I was worn out to look after my grandchild.
孫の世話をして疲れ切りました。
I was exhausted yesterday.
昨日は疲れ切りましたよ。

Instant Phrases ❸

だるい ➡ feel dull
(フィール　ダル)

　dull とは、基本的には「にぶい」「うっとうしい」などの意味を表わす形容詞である。「にぶく感じる」のだから「だるい」という意味が生じる。
　It's hot today, isn't it?　I feel dull.
　今日は暑いですね。　　体がだるいですよ。

こたえる ➡ tell upon
(テルアポン)

「もう年ですよ」の表現とセットで覚えておきたい。
　I'm getting on.　My age tells upon me.
　もう年ですよ。　体にこたえます。
　Overwork will tell upon you someday.
　仕事をし過ぎるとそのうちにこたえるよ。
　someday（サムデイ）は「いつか」ということ。

❸ シーン別の頭出し表現をマスター

⓬ 病気する・ケガする①

「痛む」については、第2章の"I have …"(P.106)を参照していただきたい。

…にアレルギーです ➡ (be) allergic to…
　　　　　　　　　　　　　アラジック　トゥ

日本語になっている「アレルギー」は、"allergy"（アラジー）と言う。「…に対してアレルギーです」と言うときは形容詞のallergicを使う。

I'm allergic to the milk.
私は牛乳にアレルギーです。

吐き気がする ➡ feel sick
　　　　　　　　　フィール　スィック

sickは、基本的に「吐き気を伴う病気」を表わす。
I feel sick.
吐き気がします。

しびれる ➡ feel numb
　　　　　　　フィール　ナム

病気ではなく単に「しびれる」ときは"sleep"（スリープ）を使って表わす。

My left hand feels numb.
左手がしびれています。

Instant Phrases ❸

捻挫する ➡ sprain

捻挫とは、「ひねる」ことだから "twist"(トゥイスト)を使ってもよい。

I sprained my ankle.
足首を捻挫しました。

体の各部の名称は、ちゃんと言えるようにしておきたい。

head (ヘッド):頭
neck (ネック):首
throat (スロート):のど
face (フェイス):顔
forehead (フォリッド):額
nose (ノウズ):鼻
mouth (マウス):口
ear (イア):耳
chin (チン):あご

back (バック):背中
shoulder (ショウルダ):肩
chest (チェスト):胸
midriff (ミドリフ):みぞおち
hip (ヒップ):腰
arm (アーム):うで
elbow (エルボウ):ひじ
knee (ニー):ひざ
ankle (アンクル):足首

❸ シーン別の**頭出し表現をマスター**

⓭ 病気する・ケガする②

やけどする ➡ have a burn
（ハヴァ　バーン）

　同じ意味で、"get burnt"（ゲッ・バーント）という表現も使える。どちらか発音しやすいほうを1つ、頭に入れていただきたい。

My son had a burn on the hand.
息子が手をやけどしました。

…がかゆい ➡ … itches
（イッチズ）

　…には、かゆい体の部分が入る。また、「かゆみがあります」と言うときには "I have the itch …"（アイハヴ・ザイッチ）のパターンで表わす。
　My back itches.
　背中がかゆいです。
　I have the itch here.
　ここ（の部分）がかゆいです。
「むずむずする」ときは、itchy（イッチィ）を使うのが適当である。
　My neck is itchy.
　首がむずむずするんです。
itchyは形容詞だから "…is itchy." のパターンをとる。

Instant Phrases ❸

（歯が）抜けた ➡ …has come out
　　　　　　　　　　　ハズ　　カムアウト

　come outには、驚くほど数多くの意味がある。代表的な意味として「(花が) 咲く」「(写真が) 写る」「出版される」、さらに「(色が) あせる」などがある。

My front tooth has come out.
前歯が抜けてしまいました。

　前項に引き続き、体の各部の名称を覚えていただきたい。

leg（レッグ）：脚
shank（シャンク）：すね
calf（カーフ）：ふくらはぎ
instep（インステップ）：甲
toe（トー）：足の指
heel（ヒール）：かかと
Achilles' tendon（アキリエーズテンダン）：アキレス腱

wrist（リスト）：手首
hand（ハンド）：手
palm（パーム）：手のひら
finger（フィンガー）：指
muscle（マッスル）：筋肉
bone（ボーン）：骨
joint（ジョイント）：関節
eye（アイ）：目

❸ シーン別の**頭出し表現**をマスター

⑭ 料理する①

をフライにする ➡ fry（フライ）

"r"の発音に注意が必要である。日本語の「ラ」ではない。普通に「ラ・ラ・ラ…」と言ってみると、舌の先が口の天井に触れているはずだ。ところが、"r"の音は舌が天井に触れないでつくる「ら」の音である。

心の中で実際には音にしない「ラ」を発想してみる。そのまま口を開いて「ら」の音を出すと「ゥラ」の感じになる。それが"r"の音である。一度で成功する人はほとんどいない。何度もあきらめずにやっていただきたい。

I'll fry the fish.
魚をフライにします。

上の表現で"fry"の発音を間違えて"fly"にすると「魚を飛ばします」というギャグのような表現になってしまう。

…を焼く ➡ broil（ブロイル）

同じ「焼く」でも「肉を天火で焼く」のは"roast"（ロウスト）、パンなどをつくるときに「焼く」のは"bake"（ベイク）で、豆などを「いる」のは"parch"（パーチ）である。

Broil the fish for five minutes.
その魚を5分間、焼きなさい。

Instant Phrases ❸

…をゆでる ➡ boil
(ボイル)

「ゆで卵」を"a boiled egg"（ボイルド・エッグ）と言う。boilは、「沸とうする」「沸とうさせる」「を煮る」「ゆでる」などの意味を表わす。

Will you boil these eggs for eight minutes ?
この卵を8分間ゆでてくれる？

料理は動作だけではなんにもならない。材料のほうもしっかり頭に入れておきたい。

beef（ビーフ）：牛肉
pork（ポーク）：ぶた肉
chicken（チキン）：とり肉
veal（ヴィール）：子牛の肉
lamb（ラム）：子羊の肉
mutton（マトン）：羊の肉
meat（ミート）：肉

fish（フィッシュ）：魚
salmon（サマン）：さけ
squid（スクィド）：いか
tuna（トゥナ）：まぐろ
oyster（オイスター）：カキ
lobster（ロブスター）
　：伊勢エビ

❸ シーン別の**頭出し表現をマスター**

⓯ 料理する②

…に味つけする ➡ season…
　　　　　　　　　（スィーズン）

「シーズン」と発音しない。season と言えば「季節」という意味でよく知られている。きっと1年間の間の「味つけ」が、season なのかもしれない。

　なお、「薬味」のことを、seasoning（スィーズニング）と言う。

Can you season the meat with salt and pepper?
その肉を塩こしょうで味つけしてくれる？

…を振りかける ➡ sprinkle…
　　　　　　　　　（スプリンクル）

　火事のときに、ビルの天井から撒水する装置を「スプリンクラー」と言う。水を床に向かってサッと振りかけるようになっている装置のことである。

　料理の材料の表面に、まんべんなく振りかけるときは、次のパターンとなる。

sprinkle ＋薬味＋ over ＋材料
Sprinkle a dash of pepper over the meat, please.
　肉にこしょうを少々振りかけてください。

　a dash of（ア・ダッシュオヴ）は「少々」、a pinch of（ア・ピンチオヴ）は「ひとつまみ」を表わす。

Instant Phrases ❸

> Sprinkle a dash of pepper over the meat, please.

…を入れる・加える ➡ add…

輸入インスタント食品の説明書を読むと、addやpour（ポア）「注ぐ」は必ずといってよいほど目にする語である。
Add hot water.
熱湯を入れなさい。
「…の中に注ぐ」のであれば、pour into…のパターンとなる。
I poured the milk into the stew.
シチューにミルクを注ぎ込んだ。

…を柔らかくする ➡ soften…

凍っている物を「解凍する」のはdefrost（ディフロスト）、固体を水、湯の中で「溶かす」のはdissolve（ディゾルブ）。
Can you soften butter?
バターを柔らかくしてくれる？

❸ シーン別の**頭出し表現をマスター**

⑯ 旅行する

…をくれますか? ➡ Can I get…?
(キャナイ ゲッ)

　飛行機内での表現である。スチュワーデスに対して何か物を持ってきてもらうときには、このパターンが有効である。getは「自分のものとする」こと、つまり「得る」「買う」「理解する」など、応用範囲の広い語である。

Can I get some magazines in Japanese ?
日本語で書かれた雑誌をくれますか？
Can I get a blanket ?
毛布をください。

　もちろん、このパターンが口をついて出ないときは、ワンワードプラス"…, please."で十分である。

A blanket, please.

…がないです ➡ I can't find…
(アイ キャント ファインド)

　外国の空港では、スムーズに事が運んだら"ラッキー"と思った方がよい。
　航空会社にあずけておいた荷物が、同じ便で届いていなかったなどということも頻繁に起こる。

I can't find my suitcase.
スーツケースがないんですけど。

Instant Phrases ❸

…人のグループです ➡ We're a group of…
<small>ウィアー　アグルーポヴ</small>

…には、人数が入る。レストランの予約、車の手配など、なにかとこの表現が必要になる。

We're a group of seven.
私たちは7人です。

こちらの人には… ➡ …for 〜
<small>フォ</small>

グループでレストラン、コーヒーショップなどに入ったとき、あなたが、さりげなくみんなを代弁するのはカッコイイ。

A coffee for her, a coke for me, please.
彼女にはコーヒーを、私にはコーラをください。

coffee, tea などを「1杯」と言うときは、正確には "a cup of…"（ア・カッポヴ）のパターンを使うが、ちょっとくだけた表現では "a…" で十分通じる。

❸ シーン別の頭出し表現をマスター

⓱ ショッピングを楽しむ

…を見せて ➡ Please show me …
（プリーズ　ショウミー）

　…の位置には、物が入る。「これ」は"this one"（ズィスワン）、「あれ」なら"that one"（ザットワン）のように言う。もちろん、具体的に物の名称がわかっていれば、それを…に入れて使う。

Please show me that one.
あれを見せてください。
Please show me the bag.
そのバッグを見せてください。

…過ぎます ➡ It's too …
（イッツ　トゥー）

　tooは前章（P.134）でも説明したが、「…過ぎる」という意味を表わす。

It's too big for me.
私には大き過ぎます。
It's too expensive.
（値段が）高過ぎます。
It's too small for her.
彼女には小さ過ぎます。

「…さんには」なら、表現の終わりにfor 人を付ける。

Instant Phrases ❸

…をいただきます ➡ I'll take …
（アイル テイク）

「買う」そのものの意味で "buy"（バイ）という動詞を使うが、「これにします」というニュアンスでは、"take" が有効。

I'll take this.
これにします。

現金で払う ➡ In cash, please.
（イン キャッシュ プリーズ）

上の表現は「現金で払います」という意味。近年、クレジットカードがよく使われるが、支払いのとき、次の表現をよく耳にする。

Cash or charge?（キャッシュオ・チャージ）。これは「現金払いですか、それともカード払いですか？」ということ。カードなら "Credit card, please."（クレディットカード・プリーズ）である。

❸ シーン別の**頭出し表現をマスター**

⑱ 外国人を招く

来ませんか？ ➡ Why don't you come…？
<small>ワイドンチュー　　カム</small>

Why don't you…？のパターンは「…しませんか」と、人を誘うときによく使われる。

非常に親しい間柄なら、もっと気楽に"come and see…"（カムアンスィー）のパターンを用いてもよい。

Why don't you come to my house？
家に来ませんか？
Come and see us on Saturday？
土曜日に家に来ない？

待ってて ➡ Wait for…
<small>ウェイト　フォ</small>

もよりの駅などから家に電話がかかってきたら、この一言を伝えてから迎えに行きたい。

Wait for me right there.
そこで待ってて。

"right there"（ライゼア）とは、「まさにその場所で」ということ。

ちなみに、「今どこにいるの？」、または「今どこから電話してるの？」というときは、"Where're you now？"（ウェア・アーユーナウ）と言うべきである。

Instant Phrases ❸

…分後に ➡ in … minutes
　　　　　　　イン　　ミニッツ

"in"は重要な意味を表わす。この場合「の中」ではなく、時間の単位とともに用いて「…後に」の意味となるのだ。

in five minutes → 5分後に

in an hour → 1時間後に

I'll get there in ten minutes.
10分後にそこに着きますからね。
車で迎えに行くときは、"pick you up"のパターンを使う。
I'll pick you up there.
そこへ車で迎えに行きます。
「…ほどしたら」のように明確な時間が言えないときには、"about"（アバウト）を使って答える。
I'll be there in about five minutes.
5分ほどしたらそこへ着きます。
I'll be there. で「着きます」を表わすことができる。

効果的なマスター法その2

★本書は私たち日本人が最も苦手とする「頭出し」、つまり英語を口に出すとき、英語を耳にするときの要領を紹介してきました。

★得意なフレーズが増えたら実践で数多く使うのが理想的ですが、外国人と日常的に接する機会のある人は現実にはそう多くはありません。むしろ、年に数回程度外国人と接する機会があるが、英語が苦手でこちらから避けているという人のほうが多いのかもしれません。

★一度記憶した知識は短期間のうちに何度も繰り返して、はじめて身につきます。逆に言えば、どんなに記憶力にすぐれた人でも実際に口に出さない、耳にしないフレーズは、いとも簡単に記憶から消えていきます。

★記憶を定着させてフレーズが自然に身につく方法として"一人で二役を演じてみる"手があります。あるシーンを心の中で想像しながら、実際に口に出してみます。これは意外に効果的です。口に出すことで自分の耳にもなじみます。ただし、人前では"挙動不審な人物"だと思われますから、くれぐれもご注意ください。

★本書を読むときは可能な限り"音読"してください。さらに、例文を自分の手で書いてください。「目・口・手・耳」を総動員するのが一番の方法です。

★本書の中から自分に相性がよいと感じた表現はどんなときでも口をついて出るように、何度も何度も「口に出し・手で書き・目で見て」ください。決して焦らず、得意表現を増やしてください。健闘を祈ります。

CHALLENGE!

頭出し
表現の
総チェック

CHALLENGE!

次の各文の（ ）内に入る最も適当な語を答えなさい。

1. お名前は？ P.42
    (　　) I have your name ?

2. いらっしゃいませ。 P.42
    May I (　　) you ?

3. もっと大きな声で話してくれますか？ P.44
    (　　) you speak up, please ?

4. テレビをつけてくれますか？ P.44
    Will you (　　) (　　) the TV ?

5. 手伝いましょうか？ P.46
    (　　) I help you ?

6. 車で迎えに行きましょうか？ P.46
    Shall I (　　) you up ?

7. あなたのほう（意見・見解）はどうですか？ P.48
    (　　) about you ?

8. 私と一緒に昼食はいかがですか？ P.48
    How about lunch (　　) me ?

9. とても忙しいそうですね。 P.50
    I (　　) you're so busy.

頭出し表現の総チェック

10. そうだといいんですが。 P.52
    I ( ) so.
11. 申し訳ありませんが、三木は今外出しております。 P.54
    I'm ( ) Mr. Miki is out now.

12. お目にかかれてとてもうれしいです。 P.56
    I'm very ( ) to see you.

13. この夏は2週間休みをとるつもりです。 P.58
    I'm ( ) to have two weeks off this summer.

14. 予約をキャンセルしたいんですが。 P.60
    I'd ( ) ( ) cancel my reservation.

15. 申し訳ありませんが、彼は会議に出ております。 P.62
    I'm ( ) he's in a meeting.

16. 申し訳ありませんが、在庫を切らしております。 P.62
    I'm sorry it's ( ) of stock.

17. 例を示してください。 P.64
    ( ) me an example, please.

【 正 解 】

1. May　　2. help　　3. Will　　4. turn on　5. Shall
6. pick　　7. How　　8. with　　9. hear　　10. hope
11. afraid　12. glad　　13. going　　14. like to
15. sorry　　16. out　　17. Give

CHALLENGE!

18. 彼は誰だろう？ P.66
    I ( ) who he is.

19. そろそろ失礼します。(電話表現) P.68
    I have to ( ).

20. 子供のころには、そのような玩具なかったです。 P.71
    ( ) I was a child, I had no toys like that.

21. 忙しかったので、そこへは行きませんでした。 P.73
    ( ) I was busy, I didn't go there.

22. いろいろとありがとうございました。 P.74
    Thank you ( ) ( ).

23. 自己紹介させてください。 P.76
    ( ) ( ) ( ) myself.

24. 京都へ行ったことがありますか？ P.78
    ( ) you ever ( ) to Kyoto ?

25. 誰がそう言ったのですか？ P.80
    ( ) ( ) so ?

26. いつ行けばよいかわかりません。 P.83
    I don't know ( ) ( ) go.

頭出し表現の総チェック

27. 天気予報によれば、台風が近づいているそうです。 P.85
    The (   ) says that a typhoon is coming.

28. 急がないと遅れますよ。 P.87
    (   ) you don't hurry, you'll be late.

29. そのことについては心配しないでください。 P.88
    Don't (   ) about it.

30. ちょっとお茶を飲みたいね。 P.90
    I (   ) (   ) having a cup of tea.

31. あなたが頼りにされるのも無理はないですよ。 P.92
    (   ) wonder you're relied upon.

32. 彼はいつ日本へやって来ると思いますか？ P.95
    When (   ) (   ) (   ) he'll come to Japan ?

33. それは本当ではないと聞いています。 P.96
    I (   ) it isn't true.

【 正 解 】

18. wonder   19. go   20. When   21. As
22. for everything   23. Let me introduce
24. Have / been   25. Who said   26. when to
27. weather man   28. If   29. worry   30. feel like
31. No   32. do you think   33. understand

CHALLENGE!

34. ウインタースポーツといえば…。 P.98
    (　) of winter sports,

35. 外出するといつもそのコーヒーショップに立ち寄ります。
    (　) (　) I go out, I drop in at the coffee shop.
    　　　　　　　　　　　　　　　　　P.101

36. 必ずまた来てくださいよ。 P.102
    (　) (　) to come back again.

37. 今度会ったときは、夕食を食べましょう。 P.105
    (　) (　) I see you, let's have dinner.

38. 頭痛がします。 P.106
    I (　) a headache.

39. 先日ブラウンさんに会いましたよ。 P.108
    The (　) day I saw Mr. Brown.

40. 寝たほうがいいですよ。 P.110
    (　) (　) go to bed.

41. 以前はよく登山をしたものです。 P.112
    I (　) often climb mountains.

42. ホテルまでどのくらい時間がかかりますか? P.115
    How (　) does it take to the hotel ?

頭出し表現の総チェック

43. それでイライラするんです。 P.116
    That ( ) me nervous.

44. どうぞお構いなく…。 P.122
    You don't ( ) to do that.

45. 市内には4つのホテルがあります。 P.124
    ( ) are four hotels in the city.

46. それは一種の海産物です。 P.126
    It's a ( ) of marine products.

47. そこへ行くには30分かかります。 P.128
    ( ) ( ) 30 minutes to go there.

48. その仕事を1日でこなすのは厳しいですよ。 P.130
    It's hard ( ) do it in a day.

49. ご健康を祝して（乾杯）！ P.142
    ( ) to your health !

【 正 解 】

34. Speaking 35. Every time 36. Be sure 37. Next time
38. have 39. other 40. You'd better 41. would 42. long
43. makes 44. have 45. There 46. kind
47. It takes 48. to 49. Here's

195

さくいん

あ

会う気になれなかった… 91
青ざめた 147
赤ん坊に名前を付けました 117
アキレス腱 177
あご 175
足首 175
味つけする 180
足の指 177
(は) 当たり前だ 92
暑い 123
暑いですね 132
厚化粧しないほうが… 110
あなたのほう(意見)はどうですか 48
甘く見るなよ 149
あまりに…なので 134・135
雨がしとしと降る 133
雨が降りそうだ 146
暖かい 133
頭 175
扱っていません 62
会ったことがありますか 78

(を) ありがとう 74
(が) あります 124
アレルギーです 174
(私が) 言いたいのは… 136
(なら) いいのに 138・139
いか 179
行かせます 77
行かないほうがいいですよ 110
(すぐ) 行かなければなりませんか 69
行きましょうか 46
行く 81
行くつもりです 58
いくぶんか… 127
医者に見せたほうがいいですよ 110
伊勢エビ 179
忙しかったので 72・73・134
急がないと… 86・87
急ぐ必要はないですよ 122
(に) いたときに 70・71
痛みがある 106・107
1日で仕事をこなす 130
一流企業の1つです 149
いつ行けばよいか… 82・83
一種の…です 126

INDEX

一緒に来れば… 86
いったいどうしたんだろう 66
行ったことがあります 79
行ったことがありますか 78
(誰が) 行ったんですか 80
言ってる意味がわかりますか 97
行ってくれますか 45・61
行ってしまった 79
一般的に言えば… 99
言ってみれば 99
一等 (位) になった 80
一杯やる 156
いらっしゃいませ 42
イライラする 116
言わないでくださいよ 88
いわゆる… 99
インターネットといえば 98
ウィンター・スポーツといえば… 98
(上司) とうまくいきません 116
(生活が) うまくいってます 148
(に) 生まれた 141
(して) うれしいです 56
(の) うわさを聞く 155
英語を話すのは… 131

ええっと… 76
映画といえば… 98
映画を見に行ったものです 112
得る 109・166
延期すべきだ 171
お会いしたいのですが… 60
(5時に) お会いするのはいかが… 48
お会いできてうれしかったです 56
(を) 終える 160
大き過ぎます 184
お金が…かかる 128
お金を払う必要はないですよ 122
大きな声で話して… 44
怒った 67
奥さんはよくなりますよ 52
(に) 遅れる 89
遅れないように言っておきます 118
遅れないようにしなさい 88・89
推し進めるように伝えます 118
お茶を飲みたいね 90
お連れしたいのですが 60
(に) 驚く 141
おひらきにする 160
(そのまま) お待ちください 63

さくいん

お目にかかれてうれしいです　56・57
（と）思います　52・55
（と）思いますか　94・95
重さはどのくらい　115
面白そうですね　144
お役に立てません　54
泳ぎたい気分です　90
泳ぐには寒すぎます　134
泳げます　111
泳げません　111

か

会議に遅れないように　89
会議に出ております　62
（を）解雇した　85
海産物　126
海草　126
外出しています　62
外出するといつも　100
会社は好調のようですね　96
会社を自慢する　93
買いに行きましょうか　46
回復する　53
買う　109
買うつもりです　58
顔　175
顔色が悪い　146
（時間が）かかる　128・129
かき　179
書く　81
学生のころは　113
かしら（かなぁ）　66
風が強い　132
カゼをひいています　106
肩　175
勝つ　81
（を）飼ったことがありますか　78
カナダへ行く予定です　59
金をかせぐ　166
必ず明かりを消してください　102
必ず…してくださいよ　102
必ず手紙を書いてください　102
必ずまた来てくださいよ　102
株式市場によると…　84・85
体がだるいです　73
から便りがある　167
から始まる　158

INDEX

枯れる 146
かゆい 176
(私の) 代わりに 45・46
看護婦 147
感謝しています 75
考えを言ってください 64
簡単です 131
(を) 聴く 57
聞く・聞こえる 154
期限が切れている 55
切符です 142
気が進まない 163
来てください 45
厳しい 131
気分がすぐれません 107
基本的には… 99
希望的に「思う」 55
来ませんか 186
休日 121
嫌い 162
霧のかかった 133
(スイッチ) 切る 161
筋肉 177
クタクタです 172

口げんかする 101
来る 57
(を) くれますか 182
車で迎えに行きましょうか 46
車で迎えに行きます 47
車を運転するときはいつも… 100
加える 181
計画を実行する 171
計画をたてる 170
計画を変更する 165
景気は回復している 52
景気は好転している 85
消す 103
結果に満足して… 141
(いいえ) けっこうです 47
見解はどうですか 48
元気づける 121
健康な 143
健康を祝して 142
厳密に言えば 99
コインを収集したものです 112
郷に入っては郷に従え 85
ここからどのくらい… 115
(は) ここへ来るのかなあ 67

さくいん

ここへは来る必要はありません 123
(体に)こたえる 173
こちらに来るといつも 100
こちらの人には 183
(ところの)ことは… 136
ことわざ 85
子供のころに… 70
この夏は…するつもりです 58
この冬は…するつもりです 58
困ったことになるといつも 100
(の)ころに… 70・71
ゴルフが好きだそうですね 50
ゴルフはいかがですか 49
これに懲りないでまた誘って… 65
混雑していました 73
(が)混んでいたので… 72・73
今度…するときは 104・105
今度あなたに会ったときは 104・105
今度気分が悪くなったら 104
今度助けが必要なときは 104
今度日本に来たら 104
今度パーティーをするときは 104

さ

さあ、駅につきましたよ 142
魚釣りには興味ない 140
探しているのは… 136
させてください 76
寒い 147
寒気がします 106
騒がしくしないで 88
3回(度) 79
散歩したい 90
残念ながら… 54
仕事を引き受ける 80
自己紹介させてください 76
辞職(辞任)する 96・97
したい気がする 90
したいんですが 60
したことがありますか 78
したほうがいいですよ 110
実は 99
してあげましょうか 46
していいですか 42・43
してうれしいです 56

INDEX

してくれるよう頼む 120
してはどうですか 48
し始める 159
しびれる 174
しないでください 88
しましょう 77
写真を撮ってもいいですか 42
住所を教えてください 64
出張していたので 72・73
出発したほうがいいですよ 110
出発しなければならない 68
出発するつもりです 58
調べてみます 76
ショッピングに行こうよ 49
新聞によると 84
スキーが得意でした 71
過ぎる 184
少し 107
スピーチをする 153
スピーチをお願いします 153
すべきだ 105
すずしい 133
頭痛がします 106
スーツケースがない 182

すね 177
することは… 137
するつもりです 58・170
するといつも 100・101
するのは〜です 130
する必要ないですよ 122・123
するように伝える 118
すれば 86
製品に興味があります 140
世間話をする 149
絶対にあきらめるな 89
背中 175
先日… 108
先週 109
そう思います 53
操作の仕方がわからない 82
そうおっしゃるのも当然です 93
そうですね… 76
そうでないといいんですが… 52
そこへ行くには… 128
そこへ行ってもらいたい 61
そこに… 125
そちらにまいります 56
そのころ… 124

さくいん

そのままお待ち下さい　63
そりゃあ素晴らしいね　144
そろそろ　160
そろそろ失礼します　68
（の）世話をする　169

た

ダイエットする　157
大学生のときに…　70
（は）大切なことです　130
（が）逮捕されたのは当然　92
（の）高さは　115
だそうですよ　50・51
立ちづめでした　73
だといいんですが　52
だと思いますか　94・95
タバコを吸わないよう頼む　120
（を）食べたことがありますか　78
頼りにされるのも当然　92
だるい　173
誰が…したんですか　80・81
誰だろう　66
誰に会えばいいんですか　82

段取りをつける　168
作る　81
ちょうど…　133
（を）ちょっと見る　164
使い方がわかりません　82
疲れる　172
手　177
手首　177
手に入れる　166
手配する　168
テレビをつけてくれますか　44
テレビによると…　84・85
天気予報によると…　84
ドアには必ずかぎを…　102
ということのようです　96
ということわざの通りです　84
といえば…　98
当然だ　92
どうにか…する　168
どうやって行くか　83
通りは人で混雑して　73
どこへ行けばよいか…　83
ところで…　99
どちらの列車に乗れば…　82

INDEX

とても忙しかったので… 134
とても疲れてるので… 134
とても〜なので…できない 134
とにかく… 99
どのくらい 114・115

な

なかなかいい考えのようですね 144
（の）長さは… 115
失くす 109
（鐘が）鳴っています 143
何をしましょうか 47
名前は 42
何回（度）も… 79
何時に行きましょうか 47
何だと思いますか 94・95
ならいいのに… 138・139
について話をする 152
20歳のときに… 70
入院しているようです 96
ニューヨークにいたときに… 70
ネコを飼ったことがある 78
寝過ごさないように… 120

寝たほうがいいですよ 110
熱帯植物 126
熱っぽいです 107
ので… 72・73

は

はい、お願いします 47
吐き気がする 174
激しい 107
始まる 158
始める 158・159
肌に合わない 163
初耳です 155
話は違いますが… 99
花といえば… 98
速くなる 148
晴れならよかったのに 138
ひげをそってください 64・65
ひじ 175
必要ない 122・123
引っ越したそうですね 50
秘密です 137
不安な 117

203

さくいん

不幸な 117
不公平な 117
深酒をする 101
ふくらはぎ 177
負傷者 125
ぶた肉 179
フライにする 178
ふらふらします 107
振りかける 180
分後に 187
別荘へ行く 101
変な 145
変な話だなあ 144
放課後 113
欲しければ… 86
本がよく売れる 92
本当ではない 96
本当に 103

ま

まぐろ 179
また来てください 102
待ってて 186

まもなく 53
満足しています 141
みぞおち 175
見てくる 165
見る 164
迎えに行きましょうか 46
むずむずする 176
もうこれ以上… 135
毛布をください 182
申し訳ありませんが… 54・62

や

約1ヶ月前に 109
焼く 178
やけどする 176
野菜 126
辞める 97
やめる 161
やり終える 128
やり方がわかりません 67
柔らかくする 181
有効期限 55
雪が降る 51・55

INDEX

夕食をとる 157
ゆでる 123・179
指輪 137
よく映画へいった 112
よく魚釣りをした 112
よくしたものです 112
よく登山をした 112
よく眠れなかったので… 72・73
よく夜ふかしした 112・113
よくわからない 152
世の中は 148
予約したい 60・61
予約をキャンセルしたい 60
喜んでまいります 56

ら

利益を上げる 166
列車が混んでいたので 72
流行し始めた 167
料理が上手 50
料理をしないといけない 68
歴史に興味があります 140
レストランがあります 125

驚くほど話せる！
アタマ出しで通じる英会話

2001年 9月10日	第1刷
2008年10月25日	第6刷

著者 ………… 尾山　大
発行者 ……… 籠宮良治
発行所 ……… 太陽出版
　　　　　　　東京都文京区本郷4－1－14　〒113-0033
　　　　　　　電話03-3814-0471／FAX03-3814-2366
　　　　　　　http://www.taiyoshuppan.net/
　　　　　　　E-mail info@taiyoshuppan.net

印刷 ………… 壮光舎印刷株式会社
製本 ………… 井上製本
ISBN978-4-88469-240-7

算数ぎらいを治す
算数力
～線分図式攻略法～

算数塾　田　圭二郎著
四六判／224頁／定価1400円+税

○ネズミが盗んだ米俵
○昔のエジプト人の分数
○食塩水は
　テンビン解法で一発
○小学生でも解ける
　連立方程式
○奇数列・偶数列の和が
　かけ算で一発解答

とにかく楽しい!!
小4でも解ける!
ナゾナゾ問題がい～っぱい!!

漢字力

[楽・簡・速]記憶法

● 漢字記憶量を倍増する!!

漢字塾 田圭二郎＝著
四六判／256頁／定価一六〇〇円＋税

「禾」はノ＋木だからそのまま読んで「のぎへん」という──丸暗記方式を粉砕する革命的漢字記憶法!!

一家で学べ、「漢字検定試験」受験者のテキスト、国語教師の指導書としても最適の書。

◆出題クイズ多数◆